BIBLIOTHÈQUE DES CAHIERS DE L'INSTITUT
DE LINGUISTIQUE DE LOUVAIN — 121

Le nom des langues II

Le patrimoine plurilingue de la Grèce

sous la direction de

Evangelia ADAMOU

PEETERS
LOUVAIN-LA-NEUVE
2008

LE NOM DES LANGUES

collection dirigée par Andrée Tabouret-Keller

Le nom des langues I. Les enjeux de la nomination des langues, Andrée Tabouret-Keller (éd.), 1997.

D. 2008/0602/50   ISSN 0779-1666   ISBN 978-90-429-2059-0 (Peeters Leuven)
ISBN 978-2-7584-0020-2 (Peeters France)

© 2008 PEETERS   et   Publications Linguistiques de Louvain asbl
Bondgenotenlaan 153
B-3000 Leuven

Printed in Belgium

Le nom des langues II

*Le patrimoine plurilingue
de la Grèce*

sous la direction de

Evangelia ADAMOU

SOMMAIRE

REMERCIEMENTS

La problématique de la dénomination d'une langue s'est imposée à moi lors de mon enquête sur le parler slave de Liti. Je remercie ici Christos Clairis de m'avoir incitée à creuser cette question et Claude Hagège pour l'avoir située dans une perspective typologique.

Pour aborder cette question, je m'étais largement inspirée de l'ouvrage dirigé par Andrée Tabouret-Keller (1997, *Le nom des langues I. Les enjeux de la nomination des langues*). C'est en 2004, lors du 28ᵉ Colloque de Linguistique Fonctionnelle, que nous nous sommes rencontrées et que nous avons discuté d'un projet d'ouvrage sur la Grèce : on ne disposait pas en effet d'ouvrage de référence, prenant en compte des données actualisées, sur les langues les moins parlées en Grèce et traitant de leur dénomination. Je voudrais exprimer ici toute ma reconnaissance à Andrée Tabouret-Keller pour la confiance et la liberté qu'elle nous a accordées lors de la préparation de ce livre, ainsi que pour son aide et son soutien permanents, matérialisés entre autres par de nombreuses relectures des textes.

Le travail avec les auteurs a commencé en 2005 et s'est déroulé essentiellement à distance, exception faite de ma collaboration proche avec Georges Drettas. Dans un premier temps, nous avons travaillé à partir d'un questionnaire proposant différents angles d'approche. Les versions originales des articles ont circulé parmi les auteurs afin de consolider la réflexion commune. Nous avons eu un contact permanent grâce à Internet ainsi qu'à l'occasion de quelques rencontres en Grèce. Les auteurs qui ont poursuivi le travail jusqu'au bout ont répondu avec constance et bonne humeur aux nombreux commentaires des directrices d'ouvrage et de collection. Un grand merci à eux tous pour leurs contributions. L'organisation du volume résulte de cette collaboration intense ; les auteurs ne sont toutefois responsables que de leurs propres rédactions.

Le recueil des données et leur analyse ont été financées depuis de nombreuses années par les institutions respectives auxquelles appartiennent les auteurs et, le cas échéant, par leurs propres moyens. Pour la coordination de l'ouvrage, j'ai bénéficié des conditions de grande qualité offertes par le laboratoire Lacito du CNRS, dirigé par Zlatka Guentchéva.

La réalisation du présent volume m'a offert le plaisir de retrouver Lukas Tsitsipis, dont les cours m'ont fait découvrir la linguistique de terrain quand j'étudiais à l'Université Aristote de Thessalonique. Qu'il soit remercié d'avoir bien voulu préfacer cet ouvrage.

Merci à Lucette Chambard, Denis Costaouec et Micheline Lebarbier qui ont eu l'amabilité de relire et de corriger certains chapitres du volume. Tous nos remerciements à Françoise Peeters pour son aide concernant les aspects techniques de cette publication.

Merci enfin à Philippe Ramirez pour les discussions et les lectures proposées en anthropologie politique.

Evangelia Adamou
Lacito, CNRS

Le nom des langues II. Le patrimoine plurilingue de la Grèce
(sous la direction d'E. Adamou), Louvain, Peeters, BCILL 121, 2008, p. 9-14.

THE NAMES OF LANGUAGES
AND THEIR DENSE INDEXICALITY
AVANT-PROPOS

Lukas D. Tsitsipis
Aristotle University of Thessaloniki, Greece

This volume is part of a series edited by Andrée Tabouret-Keller, professeur émerite de l'Université Louis Pasteur-Strasbourg, titled *Le nom des langues*. The present volume is edited by Evangelia Adamou and is focused on the lesser spoken languages of modern Greece, such as Slavic dialects, Romani, forms of Albanian locally known as Arvanitika etc.

Judging from its contents and the contributors' main points the present volume has a double goal: on the one hand, to discuss the names given to so-called minority languages by various social forces outside the communities (state authorities, linguists, observers and students of these linguistic varieties) and by members of the local communities themselves, and, on the other, to highlight the very status, malleability, and heterogeneity of locally spoken linguistic varieties. As Adamou succinctly observes in her Introduction, the fact alone that the young scholars who contribute to this collective effort have engaged themselves in the study of minority languages, constitutes by itself a gesture of political sensitivity on their part.

The spirit of the whole volume is anti-essentialist looking at languages not as entities directly mirroring human groups and their perceived naturalized features but as means and outcomes of social and communicative agency. The whole effort therefore is taking a sociolinguistic turn that fits quite productively –if not always explicitly– the poststructuralist trend in the field of social sciences. This means simply that one rejects the idea of treating minorities and minority languages as artifacts with a rigid shape, and embarks upon their study as expressions of speakers' communicative and ideological praxis. Various forces on the historical landscape of Greece have blocked the recognition of lesser spoken or non-standard languages and the norm of monolingualism accompanying the nation-state as an imagined community and as a bureaucratic structure has produced a rigid ideological discourse erasing from our view the actual linguistic mosaic characterizing the Greek socio-historical reality (for erasure see, Gal, Irvine 1995). But when a standardist ideology prevails alternative linguistic norms, markets (Bourdieu 1991), and meanings are reduced to enjoying an almost invisible and secondary status (Marcuse 1991). Such issues, therefore, in addition to being significant from a linguistic and cultural point of view, are inevitably crucial as aspects of the politics of linguistic rights and representation.

The current and recent linguistic map of Greece has been facing contradictory circumstances by having to respond to European Union pressures and directives concerning the fate of minority and lesser spoken languages. As I have argued elsewhere these European practical and ideological interventions are treated by Greek purism with skepticism mixed with frequently reborn ethnonationalist folk and expert ideologies. Hence the contradictory response of considering the Greek language strong and rich enough to be deemed as the mother of all languages and at the same time thinking of it as a fragile entity susceptible to deterioration under the impact of various imagined threats (Tsitsipis, 2007). In this climate, minority languages lead a complex and hard life having to address both hegemonic and emancipatory moments. Hegemonic moments impose on speakers of local varieties a kind of self-deprecation and denigration with regard to the dialects and languages spoken at home and in the community, whereas emancipatory moments can open up to members of local communities alternative possibilities concerning their languages such as the ones frequently encountered in talking to people: "every language you speak adds to your social prosperity" we can hear stated among Arvanitika speakers, and quite likely speakers of other languages.

What about the name of languages? Names are not just recognition labels. If this were the case things would be much simpler in the social processes of communication and expression of linguistic ideologies. On the contrary, names should be viewed as rich metonymic depositories of socio-cultural histories, that is, their use evokes a whole series of images and events concerning human groups. This resembles what I call in the title of this preface "dense indexicality". A name is an index of some sort. It is part of a socio-semiotic process such that every instance of its use can construct and reconstruct features of a non-stable identity. Thus, Arvanitika speakers may call themselves just *Arvanites* an appellation evoking very different memories and values from the ones triggered by the use of the term *Arvanites* by members of the majority society: either through the use of denigrating intonation or through lexicalized discrimination such as *skatarvanites* "shit-Arvanites", or through occasional referential extension by calling other groups they want to discriminate against "like-Arvanite". These naming processes are not unique to this particular ethnic group even though my personal research experience has caused my putting some more emphasis on Arvanitika.

Names of ethnolinguistic "entities" can be backgrounded or can be foregrounded. That is, the names of languages in communicative practice can be used in unmarked ways but they could also be used in such a manner as to bring to bear on ideologies, stances, and attitudes. For example, a framed use of a name constitutes a metalinguistic or a metapragmatic commentary on various social realities surrounding the particular ethnolinguistic communities. Metapragmatics here refers to the perception on the part of speakers of the uses of semiotic resources and their effectiveness. Thus, members of a community may carry exchanges with other members in which they use the ethnic-language name humoristically or sarcastically pretending that they have internalized the external discourse of power and authority. It is not rare to overhear a Vlach calling another Vlach *skatovlacho* "shit Vlach" or a native speaker of Romani calling a fellow from her/his own group *paljojifto* "damn gypsy" etc. Such phenomena are almost universal and have very much to do with the negotiation of identity and the subtle relations between local communities and more encompassing power structures (nation-state etc). It is obvious therefore that linguistic resources, among which language names loom large, have a dynamic character, a character that is frequently denied by the gate keepers of standardization and monolingual authorities. This is one of the reasons that the modern Greek state and academia have paid little, if any, attention to minority speech forms. The latter are generally understood as being a threat to the reified notion of a single standard variety. On the contrary, speakers constantly seek to identify with or focus on this or that variety depending on various social factors (for focusing and diffusion as anti-monolithic rubrics in the study of minority linguistic varieties and creoles see, Le Page, Tabouret-Keller 1985).

Standardization, normalization, and attempts at purification as socio-ideological mechanisms invested with a certain symbolic capital (Bourdieu 1991), are not unrelated to stances as well as practices concerning various acts of giving a name to a language. In cases where these mechanisms do not exercise a strong hold over a community's consciousness people feel free to use more relaxed terms to refer to their mother tongues. Locutions such as "our language" may be used universally since they function as terms that ground the language indexically in the history of its speakers.

But when a language has the support of the state and academic power such locutions are not enough. A sovereign baptismal act is required that gives a language its "constant" identity. This identity is perceived as a pure and eternal state of affairs. One could hardly imagine that Greek is anything else but something in polar opposition to, say, Creole languages. And for this ideology, which renders invisible the linguistic and literary complexity and richness of Creole speech communities, to gain ground one needs the workings of a rigid nationalist frame of mind characterizing, for example, the efforts of Balkan states to normalize the huge linguistic heterogeneity under their feet.

It is a common practice, particularly at the diplomatic plane, to ask the question: "under which name is X to be recognized?". Baptismal acts of this sort may even cause bloodshed. Looking at things from a sociological angle we could claim that this holds true in all cases of symbolic resources. But in principle names recapitulate a community's history and the totality of its cultural resources. To recall Mauss, a name is almost a total cultural fact. If this were not the case, its metonymic force to evoke all sorts of socio-cultural facts and events would be weak. But this does not seem to be the case.

In this volume, so meticulously put together by Evangelia Adamou, working in the spirit of the original ideas and practices of Andrée Tabouret-Keller, contributors offer the linguistic community the gift of descriptions and interpretations that are far from being part of the taken-for-granted world. On the contrary, they undermine the comfortable taken-for-granted ideologies of the inherited and enshrined Herderian view of the one nation-one language social constructions, and of naming as constituting a series of acts of bestowing constant properties upon social realities, which properties in their turn function as icons of these realities being consubstantial with them.

In introducing and using names (those of languages included) folk theories and bodies of expert knowledge frequently converge. From the so-called magical theory of the essence of names to the more technocratic, but equally imaginary, nationalist ideologies the path has been long but similarities are easily discernible. The name, through a magical baptismal act, partakes of the essence of the named entity whether this is a person, a tribe, a nation etc. Even though such an ideology is equally shared by linguistic authorities, bureaucrats, and local communities speaking minority speech forms, not all social sectors have the same access to state legitimacies so that they can enforce their views. If this is correct and it seems to be, those in power can impact subaltern groups and decide crucially upon the names of their linguistic varieties with unforeseeable resistance potential as far as local communities are concerned. Manipulation of lexical, grammatical, and discursive resources obtains legitimacy, if appropriately used, in order to bestow a name or shift the referential emphasis from a certain property or feature to a different one. Thus, the Greek official and journalistic discourse (and in all fairness we should admit that this happens elsewhere as well) call certain national entities *kratidhion* "little state" and not *kratos* "state" depending on various diplomatic interests. By the same token a certain group speaking a different language could be either demoted to the status of minority (since minorities do not exist as natural phenomena but are products of history) or entirely ignored if recognition of a minority might entail certain acts of legitimating "Otherness" within the confines of a social structure (a state, for example) that is perceived as homogeneous and unfragmented.

One question that comes quite naturally to our mind with regard to the issues under discussion is this: Is there more tolerance today than at other times for both the rights of other-language groups and their naming symbolic acts? One would be inclined to answer this question in the affirmative even when one talks about the contemporary Greek reality. But the reasons behind such relatively recent expressions of liberalism are far from simple and not necessarily all of them positive. We can only very briefly refer to these problems here. In spite of the socio-economic globalization, the nation-state is still in existence. But its existence is a mirage compared to earlier periods of the well known imagined communities (Anderson 1991). The state is not any more the umbrella for citizens, or, at least, pure citizens, but for clients who consume global commodities (including commodification of languages) constantly negotiating national and other kinds of boundaries and names (Heller, for processes and boundaries, to appear in a special issue of the *Journal of Sociolinguistics*). In view of this situation, constituting a pervasive reality of our times, the various paths leading from global structures to languages produce a superficial tolerance for multilingualism and multiculturalism, whereas what really happens is the management of multilingual and multicultural resources within the practices of an almost universal neoliberalism.

Authors of this volume should be credited for managing to avoid many of the traps that official discourses of power set up for thinkers to fall in. The author of this preface is not an uncritical supporter of conspiracy theories. But one should not neglect the task of deconstructing inherited ideological structures that have played a decisive role in turning languages into perceived "patois" and in denying the dynamic aspects of naming acts and the ways they are construed by local communities. This volume conveys the message that an occupation with the names of languages can at the same time trigger a holistic approach to issues related to minority speech forms, linguistic ideologies, and sociolinguistic theory more generally.

Le nom des langues II. Le patrimoine plurilingue de la Grèce
(sous la direction d'E. Adamou), Louvain, Peeters, BCILL 121, 2008, p. 15-30.

INTRODUCTION

Evangelia Adamou
Lacito, CNRS, France

1. LE NOM DES LANGUES : UN OBJET D'ÉTUDE

Le présent ouvrage est consacré à la dénomination des langues les moins parlées en Grèce (ce qui exclut bien entendu le grec, langue nationale). Il fait suite au volume dirigé par Andrée Tabouret-Keller paru en 1997 sous le titre *Les enjeux de la nomination des langues*. La dénomination des langues est un enjeu théorique, pratique et politique : le nom des langues est à la fois le produit et l'outil de constructions idéologiques. En effet, loin d'être un fait naturel, immuable ou allant de soi, le nom (les noms) d'une langue est le résultat d'un processus à nombreuses facettes, sensible aux réorganisations sociopolitiques.

Les contributeurs du premier volume de la collection avaient dégagé certains axes d'analyse que nous avons suivis pour la rédaction du présent ouvrage : on a ainsi distingué différents types de « donneurs de nom », qu'il s'agisse de spécialistes des langues, de représentants d'institutions, censés faire autorité, ou de locuteurs « ordinaires ». On a travaillé à partir des catégories de *langue standard* et *langue polynomique*[1] et de ce qu'elles impliquent pour la nomination. On s'est penché également sur les cas où le nom d'une langue est omis (que ça soit par les locuteurs même ou non).

---

[1] « Une langue à l'unité abstraite, à laquelle les utilisateurs reconnaissent plusieurs modalités d'existence, toutes également tolérées sans qu'il y ait entre elles hiérarchisation ou spécialisation de fonction. Elle s'accompagne de l'intertolérance entre utilisateurs de variétés différentes sur les plans phonologiques et morphologiques, de même que la multiplicité lexicale est conçue ailleurs comme un élément de richesse » (Marcellesi 1989 : 170).

Enfin, on a abordé le nom de la langue comme symbole politique, identitaire et comme instrument de manipulation idéologique.

Ce volume s'organise autour d'un critère géopolitique. Parmi les langues les moins parlées actuellement en Grèce, on s'intéresse à celles dont la présence dans cet espace géographique est antérieure ou contemporaine au Traité de Lausanne de 1923 qui a fixé les frontières actuelles du pays. On traite donc de l'aroumain (Stamatis Beis), de l'arvanitika (Eleni Botsi), de l'arménien (Evangelia Adamou), du gréco-pontique (Georges Drettas), du romani (Irene Sechidou) et des dialectes slaves (Evangelia Adamou et Georges Drettas). On regrette de ne pas avoir inclut le judéo-espagnol, la 4e langue la plus parlée au début du 20e siècle et parlée encore aujourd'hui par un petit nombre de leurs descendants[2] ainsi que le turc, langue très dynamique en Grèce, enseignée dans le cadre de la minorité musulmane de Grèce[3]. Les langues de l'immigration de la fin du 20e siècle n'ont été prises en compte que partiellement, du seul point de vue des contacts entre les immigrés récemment arrivés en Grèce – Arméniens, Albanais (albanophones mais aussi slavophones ou grécophones) et originaires de pays slaves –, et les locuteurs installés de longue date qui parlent une langue de tradition orale appartenant aux groupes linguistiques des immigrants.

2. PRÉCISIONS TERMINOLOGIQUES

Pour définir les langues de diffusion restreinte parlées en Grèce, outre le critère du nombre de locuteurs, on s'appuie sur les caractéristiques suivantes :

- Elles n'ont pas de statut officiel.
- Elles ne sont pas enseignées.
- Elles sont diffusées à l'oral (lorsqu'il y a encore transmission) et dans le cadre familial (voire celui des marchés locaux ou même dans le champ du politique) par opposition au cadre scolaire.
- Elles ne permettent pas de mobilité sociale aux locuteurs.
- Elles sont employées en parallèle avec une ou deux autres langues dominantes valorisées.
- Elles ne sont pas standardisées.

---

[2] Sur le judéo-espagnol de Salonique voir Symeonidis 2002.
[3] Les articles qui leurs étaient consacrés n'ayant pu être produits à temps pour figurer dans ce volume.

Une *variété standard* résulte d'un ensemble de processus de codification et de normalisation opéré par la rédaction de grammaires, de dictionnaires, par l'existence d'une littérature écrite et celle d'institutions qui jouent un rôle prescriptif. Sur le plan symbolique, la langue standard unifie un ensemble de dialectes, sépare d'autres sociétés voisines et assume parfois une qualité de prestige (Garvin 1964).

Par *langue officielle* on entend la langue qui est liée à des fonctions administratives et étatiques et qui peut co-exister avec d'autres *langues nationales*, langues reconnues d'un territoire national mais qui contrairement aux langues officielles ne sont pas utilisées pour l'administration centrale (elles peuvent avoir, comme en Inde, le statut de langue officielle d'un des États fédérés).

Nous avons opté pour le terme *langues les moins parlées* et *de diffusion restreinte* face au terme *langues minoritaires*, ce dernier s'accompagnant d'une idéologie que les auteurs ne souhaitent pas toujours soutenir.

Carte 1 : Les pays du sud des Balkans

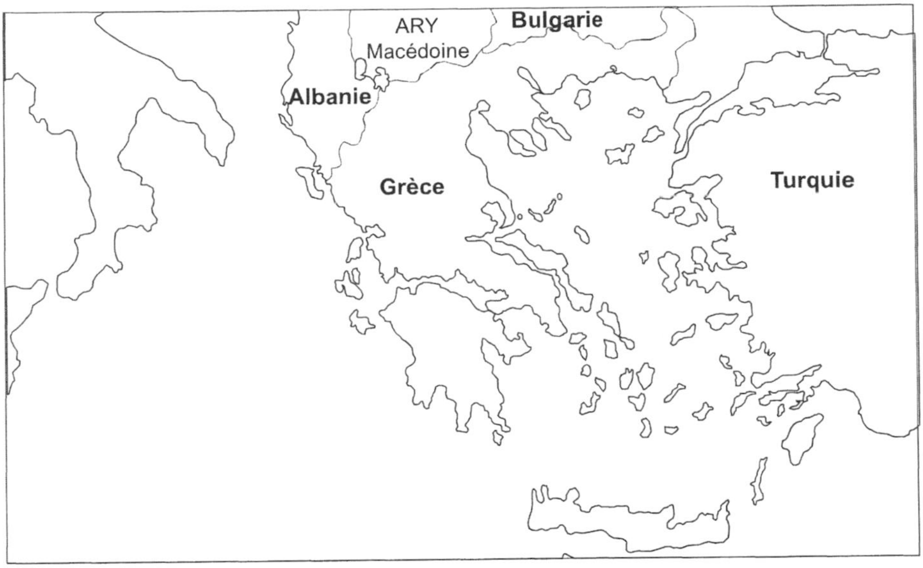

3. QUELQUES REPÈRES HISTORIQUES SUR LA GRÈCE ET LA RÉGION

La Grèce (en grec *Hellas*) est aujourd'hui membre de l'Union Européenne, de la zone euro et de l'espace Schengen. Dans l'espace géographique de l'État actuel se sont développées de grandes civilisations (minoéenne, mycénienne et cycladique), mais la Grèce est surtout connue pour la période classique (6e-4e siècle av. J.-C.). Ont suivi le règne du légendaire Alexandre le Grand et l'époque hellénistique, puis les puissants empires romain, byzantin (Empire romain d'Orient) et ottoman.

L'installation des populations étudiées dans ce volume remonte essentiellement à la période de domination de ces trois empires dont les limites géographiques dépassaient largement celles de la Grèce moderne. Ces vastes territoires accueillaient des populations de différentes confessions pratiquant une ou plusieurs langues autres que celles de l'administration (selon la période le latin, le grec et le turc ottoman).

Ainsi, les aroumanophones arrivent dans la péninsule balkanique avec la conquête romaine. Les slavophones s'installent dans l'Empire byzantin aux 6e et 7e siècles. Les locuteurs d'arvanite et de romani se retrouvent également dans l'Empire byzantin dès le 14e siècle[4]. Outre l'ancienne communauté juive grécophone, les Romaniotes, l'Empire ottoman accueille un nombre important de juifs séfarades expulsés d'Espagne en 1492. Enfin, le début du 20e siècle verra les chrétiens orthodoxes (dont les Pontiques et les Arméniens) quitter les terres ottomanes dans des conditions dramatiques et se réfugier en Grèce. D'autres populations, anciennes (ex. les Thraces) ou contemporaines des empires (ex. les Avars), parlant d'autres langues, ont bien sûr peuplé le territoire de la Grèce actuelle, mais elles n'y ont pas laissé de communautés identifiables à l'époque actuelle. On peut aussi noter des communautés assimilées, comme les Maltais installés à Corfou, traditionnellement arabophones mais désormais grécophones ; ou bien des Tcherkesses, des Kurdes, des Kumans, etc.

Les États balkaniques se sont formés à partir de l'Empire ottoman tout au long du 19e siècle jusqu'à 1923, quand la République de Turquie fut fondée. La Roumanie est devenue indépendante en 1878 ; la Bulgarie est devenue une principauté autonome en 1878 et une monarchie indépendante en 1908 ; l'Albanie est indépendante en 1912 ; la Serbie est reconnue autonome en 1830 et constituera la première Yougoslavie après 1920[5].

---

[4] Probablement encore plus tôt pour les locuteurs d'arvanite.

[5] Très récemment la carte a encore changé avec les indépendances en 1991 de l'Ancienne République Yougoslave de Macédoine, de la Slovénie, de la Croatie, de la Bosnie-Herzégovine (suivies par la guerre civile), et en 2006 avec l'indépendance du Monténégro.

Avec le soutien de la France, du Royaume-Uni et de la Russie, l'indépendance de la Grèce a été reconnue en 1830 lors de la conférence de Londres et en 1832 par le pouvoir ottoman. Seule une petite partie de la Grèce contemporaine formait ce premier État ; les frontières actuelles ont été fixées pratiquement un siècle plus tard. Entre temps, tant par la lutte armée que par l'action diplomatique, l'État grec s'est enrichi progressivement de différentes régions. Ce processus est marqué par quelques étapes importantes :

1864	Intégration des îles Ioniennes
1881	Intégration de la Thessalie
1912-	Intégration d'une grande partie de la Macédoine, le sud de
1913	l'Epire, la Crète, les îles de Samos, Chio, Mytilène et Lemnos
1920	La Grèce obtient la Thrace et la région de Smyrne qu'elle perdra plus tard, en même temps que la Thrace orientale (1923)
1947	Dodécanèse, rétrocédé par l'Italie

Les jeunes États balkaniques étaient relativement petits mais, dans ce contexte d'instabilité, ils espéraient s'agrandir. Ils avaient gagné leur indépendance avec le soutien des puissances occidentales qui imposèrent dans un premier temps des souverains occidentaux. Ces jeunes formations devaient inventer une idéologie nationale discriminante par rapport aux États voisins, également issus de l'Empire ottoman. En outre, dans le processus de construction d'États modernes, il a fallu séparer des populations jusqu'alors réunies dans les mêmes groupes institutionnels à base confessionnelle[6] et fonder les nouveaux groupements sur des critères différents.

Dans un premier temps, le critère linguistique n'était pas un instrument idéologique déterminant pour ces nouvelles formations. On sortait d'une configuration linguistique plurilingue qui signifiait concrètement que si on appartenait à la *rum millet*[7] (millet grecque) on pouvait connaître le turc ottoman, langue de l'administration de l'empire ; le grec, langue liturgique, d'administration et d'enseignement de la millet chrétienne orthodoxe ; et une ou plusieurs autres langues vernaculaires sans prestige (ex. slave et aroumain). Ce n'est que par la suite que les États exploitèrent les critères linguistiques pour appuyer l'idéologie nationale et promouvoir, de façon plus ou moins autoritaire, un modèle monolingue fondé sur *une* langue nationale. C'est la raison pour laquelle, un siècle plus tard, une grande

---

[6] Cf. Lexique, *millet*.
[7] Cf. Lexique, *rum millet*.

partie de ce patrimoine linguistique diversifié s'est perdu et que bien des langues sont désormais en voie de disparition.

Or, au moment où les États balkaniques accédaient à l'indépendance politique, le critère linguistique lui-même ne s'accompagnait pas d'une allégeance automatique à tel ou tel État. L'on a vu ainsi en Grèce des groupes ayant l'arvanite[8] ou l'aroumain pour langue première participer aux guerres d'indépendance (1821-1830) et plus tard, lors des Guerres balkaniques, une partie des slavophones soutenir le rattachement à la Grèce[9], alors qu'une autre partie soutenait l'annexion à la Bulgarie ou encore la création d'un État indépendant, la Macédoine.

La plupart des États balkaniques ont intégré les populations plurilingues héritées des empires et des mouvements de populations sont venus compliquer encore une situation déjà complexe. Par exemple, les échanges de populations entre Grèce et Turquie, consécutifs au Traité de Lausanne (période 1923-1926), s'appuyaient sur des critères religieux qui ne recouvraient pas les découpages linguistiques : des musulmans grécophones furent envoyés en Turquie alors que des orthodoxes turcophones (appartenant à la *millet* grecque ou arménienne) étaient déplacés vers la Grèce. De même la minorité musulmane de Grèce incluait des turcophones, des slavophones et des locuteurs du romani (ainsi que des groupes plus petits comme des Tcherkesses).

Aujourd'hui, la langue officielle de l'État grec est le grec moderne. Après une longue querelle entre tenants du *démotique* (*dhimotikí* - variété populaire) et partisans de la variété savante (*katharévusa*), le démotique est devenu en 1976 la langue de l'enseignement et de l'État grec, celle de l'administration en 1977, enfin celle du domaine juridique en 1982. La présence des populations non grécophones, dont personne n'ignorait l'existence au moment de la formation de l'État grec, avait alimenté les débats autour de l'enseignement du grec sous sa forme démotique ou en katharévusa. Pour les non grécophones, en effet, la katharévusa ne posait pas les mêmes problèmes que pour les populations grécophones pratiquant le démotique et confrontées à une situation diglossique. Certains en tiraient argument pour le maintien de la katharévusa.

---

[8] Notons aussi que le mouvement nationalitaire albanais ne s'est développé qu'à la fin du 19e siècle (cf. 1878 Ligue de Prizren) en réaction aux nationalismes chrétiens des voisins Serbes, Bulgares et Grecs.

[9] Ces populations ne choisissaient pas de changer leur identité mais plutôt de poursuivre dans les nouvelles formations politiques avec leur identité « grecque », telle qu'elle s'était structurée pendant des siècles par leur appartenance à la millet du même nom (*rum millet*).

Le dernier recensement date de 1951 ; selon ce recensement, dont la fiabilité a été très souvent discutée (Houliarakis 1973-1976), les langues autres que le grec ne concernaient que 5 % de la population. Au début du 20ᵉ siècle le nombre de locuteurs de ces langues était plus important, mais les échanges de populations entre 1923 et 1926 ou les mouvements de populations à la fin de la guerre civile l'ont fait chuter considérablement[10]. Actuellement, il est difficile de déterminer précisément le nombre de locuteurs actifs de ces langues mais ce chiffre ne doit pas être très élevé. Sans faire de pari sur une disparition prochaine de ces variétés, il faut tout de même mentionner la domination du modèle monolingue grec et l'abandon des langues traditionnelles au profit de langues modernes standardisées. D'une manière générale, l'évaluation du nombre de locuteurs des langues non officielles pose de nombreux problèmes. Parmi ceux-ci il faut signaler la difficulté d'établir des critères méthodologiques solides pour évaluer le degré de maîtrise d'une langue, fixer le seuil de « compétence » ou mesurer l'écart entre les usages que les locuteurs pensent faire d'une langue et les conditions réelles de leur emploi. Seules des enquêtes linguistiques approfondies peuvent assurer des résultats fiables et le terrain grec n'est pas suffisamment étudié pour qu'on puisse se prononcer sur cette question.

4. LANGUE ET IDENTITÉ : TENDANCES A L'HOMOGÉNÉISATION DES POPULATIONS

A l'ère des États-nations, surtout dans une zone comme les Balkans où ces entités sont de construction récente, l'idéologie linguistique dominante rattache toute langue de tradition orale, non standardisée, à une langue standard (en fait une « variété » d'un type particulier) et, mieux encore, à une langue nationale, et partant, intègre la population concernée à une identité nationale ou ethnique[11]. C'est une source de tensions latentes entre États voisins dans les Balkans. En Grèce, cette situation se complique encore du fait que, à l'exception du romani, les langues à tradition orale présentes sur le territoire sont toutes apparentées à des langues qui disposent d'une variété écrite, standardisée et qui ont statut de langue nationale d'un autre État de la région : Albanie, Ancienne République Yougoslave de Macédoine, Bulgarie, Roumanie et Turquie. Ainsi,

---

[10] Pour certains auteurs il s'agit de « vagues de nettoyage éthnique », cf. Voss 2006.
[11] Les raccourcis entre *langue* et *nation* ou *ethnie* sont malheureusement courants même dans les publications scientifiques.

lorsqu'une éducation bilingue a été proposée pour les citoyens grecs, les États disposant d'un standard du même groupe linguistique se sont chargés de l'enseignement[12].

Dans ce contexte, il est difficile de dissocier la langue et la nationalité. C'est pourquoi de nombreux citoyens grecs, confrontés à la diversité linguistique objective du pays, à la réalité des langues moins (et de moins en moins) parlées, sont amenés à les considérer, contre toute évidence, comme des dialectes grecs[13]. Cette attitude concerne aussi bien les membres de la communauté linguistique que les personnes extérieures à elle. Si l'on est Grec on parle grec ; si « ce grec » ne ressemble pas au grec moderne appris à l'école, c'est qu'il s'agit d'une « langue bâtarde », avec des emprunts à d'autres langues. Pour « démontrer » qu'il s'agit bien de dialectes grecs on s'appuie sur les emprunts au grec (ex. parlers slaves) ou l'on cherche des proximités lexicales avec le grec ancien (ex. arvanite). Cette attitude largement répandue résulte surtout d'un manque d'information et d'un embarras idéologique fondé sur l'idée de la correspondance « naturelle » d'une langue à une identité nationale. L'absence de confrontation à tout un pan de l'histoire de la Grèce dans le cursus de l'éducation nationale et dans le discours officiel entretient l'incompréhension face à ces réalités, qui sont alors enfouies ou réinterprétées avec les systèmes de représentations disponibles.

Ce discours dominant n'est cependant pas le seul en Grèce et il existe un courant qui revendique les droits des minorités parlant ces « autres langues » ou ne les parlant plus mais gardant malgré tout un souvenir d'appartenance « ethnique ». Ainsi, à la catégorisation homogène d'une majorité s'opposent d'autres catégorisations homogènes, minoritaires cette fois-ci : slavophones, turcophones ou autres. Cette approche minoritariste reprend les bases du discours hégémonique : d'une part, elle légitime l'existence d'une majorité - qui n'est toutefois jamais définie. Par ailleurs, cette approche homogénéise a posteriori l'aire balkanique, connue pour son multilinguisme de longue date, dû aux intermariages et aux contacts

---

[12] Rappelons le fonctionnement d'écoles roumaines gérées par la Roumanie ou le projet d'une éducation pour les populations slavophones gérée par la Bulgarie. Le débat reste d'actualité aussi quant à l'intervention ou non de l'État turc dans le système scolaire de la minorité musulmane, etc.

[13] Les tentatives officielles visant à « prouver » que les parlers slaves étaient des variétés de grec sont très souvent mentionnées par les chercheurs mais leur impact réel sur les représentations des populations n'est pas attesté. Notre enquête -mais sans doute il faudrait mener des études plus poussées- montre que ces tentatives n'ont pas eu de diffusion ni d'écho suffisants pour être considérées comme étant à l'origine de représentations populaires similaires.

intenses entre communautés. En outre, elle continue à traiter la langue comme un *phénotype*. Or une langue n'est pas un élément génétiquement transmis et ne remplit pas seulement des fonctions identitaires mais elle sert aussi à la communication. Ainsi, une langue, même non standardisée, peut être pratiquée par des individus qui n'en ont pas « hérité » par le biais de leur famille mais qui l'ont pratiquée dans d'autres contextes et notamment dans la vie sociale. Tel est le cas de réfugiés pontiques qui ont appris et pratiqué les parlers slaves locaux lors de leur installation en Grèce au début du 20ᵉ siècle et qui les parlent encore aujourd'hui dans certaines régions.

Ces approches, qui sont comme les deux côtés de la même pièce, perdent de vue le caractère hétérogène de ces groupes de locuteurs qu'on tente à chaque fois d'homogénéiser en simplifiant leurs caractéristiques, on en sélectionne certaines plutôt que d'autres ou on en construit de nouvelles ; cette simplification est en effet une constante dans la construction des identités de groupe.

Dans le présent volume, on a souhaité attirer l'attention sur l'hétérogénéité des groupes, la complexité des identités - même s'ils sont aussi « homogénéisés » d'une certaine façon sur la base de critères linguistiques et notamment par la répartition en groupes de langues. Cette hétérogénéité est à la fois sociale, linguistique et politique, mais aussi culturelle et religieuse.

Hétérogénéité sociale : Eleni Botsi signale dans le présent volume les différentes attitudes à l'égard de l'arvanite selon l'appartenance sociale des individus, mais on peut dire la même chose pour tous les autres groupes étudiés. De même, Anastasia Karakasidou (2000) montre bien la relation entre clivages sociaux et thèses idéologiques défendues par les slavophones au début du 20ᵉ siècle, sur la question du rattachement aux États grec ou bulgare ou encore à propos de la création d'un État indépendant. Jane Cowan (2001) le signale également lorsqu'elle traite de la question de l'identité macédonienne de la fin du 20ᵉ siècle et précise que la défense d'une minorité macédonienne en Grèce ne concerne pas toute la population d'origine slavophone et que tous n'ont pas entretenu les mêmes relations avec l'État grec.

Hétérogénéité linguistique : au-delà des différences objectivables entre différents parlers grâce aux outils de la linguistique, il ne faut jamais perdre de vue que les locuteurs eux-mêmes distinguent soigneusement les variétés d'un village à l'autre et assortissent ces découpages d'évaluations généralement négatives sur les autres variétés.

Hétérogénéité politique, comparable pour une part à la diversité qui règne généralement en Grèce, déterminée en partie par le jeu de l'attribution de bénéfices concrets, d'avantages socio-économiques ou d'éléments de prestige.

Enfin, hétérogénéité culturelle (ex. le vêtement dans l'ensemble théoriquement homogène pomaque[14]) et bien entendu religieuse, comme on le verra à la lecture du présent volume.

5. VARIÉTÉS LOCALES ET VARIÉTÉS STANDARDS

On ne peut pas nier le rôle polarisant des variétés standard et des langues officielles dans les Balkans au cours du 20e siècle. Elles ont joué et jouent encore un rôle majeur dans la construction des États et l'intégration de populations diverses. L'importance attachée aux standards semble mener systématiquement à traiter toutes les variétés orales comme de simples variantes du standard – qu'il s'agisse du grec, comme pour le pontique, ou du bulgare et du macédonien littéraires pour les variétés slaves. On présente ainsi la variété standard comme la base à laquelle tout se ramène. Dans ce processus de rattachement forcé au standard, les éléments communs entre variétés sont survalorisés et les différences ne comptent pas pour grand-chose. L'idée sous-jacente étant qu'à un certain « âge d'or », la langue était une et homogène et que les vicissitudes de l'histoire ont conduit à une dialectalisation regrettable. Cette vision des choses n'est bien entendu pas conforme à la réalité des pratiques langagières et de l'évolution des langues, puisque partout et toujours les variétés orales sont la première forme d'expression et que la variété standard est produite par sélection d'une variété ou par mélange de traits de différentes variétés.

La *polynomie* est une perspective qui remet en cause les idéologies unicistes, le caractère normatif et puriste de l'enseignement aussi bien que la fonction uniformisatrice attribuée à la langue (Marcellesi, Treignier 1991 : 269).

---

[14] En fonction de la façon de s'habiller on peut reconnaître le village d'origine : il y a les villages où les femmes portent des foulards très colorés et d'autres où ils sont plus sobres (avec des détails spécifiques à tel village en fonction de la mode), les villages où on porte des *sarouels* « pomaques » (coupés différemment des *sarouels* des Rom), les villages où l'on porte les pantalons à l'occidentale sous les *manteaux* qui vont jusqu'à la cheville et qui sont censés dissimuler les formes, clairs ou noirs selon l'âge ou le milieu social, et les villages où on porte des tabliers rouges à carreaux …

6. LES LINGUISTES ET LES ANTHROPOLOGUES AUSSI NOMMENT LES LANGUES

Les auteurs qui ont collaboré au présent volume s'appuient tous sur des enquêtes de terrain : certains ont réalisé une description linguistique de parlers locaux, d'autres ont mené des enquêtes ethnolinguistiques. La plupart d'entre eux sont des jeunes chercheurs, ce qui témoigne du dynamisme naissant de l'étude des langues les moins parlées en Grèce et confirme que les obstacles aux enquêtes sur ce thème, bien réels durant des décennies, semblent en voie de se lever[15]. En effet, travailler sur ces communautés est en soi un acte politique puisqu'il implique la reconnaissance la plus élémentaire de la présence de ces populations et de leur langue. Parmi les auteurs de cet ouvrage certains sont eux-mêmes issus des communautés étudiées. Ils livrent ici des informations de première main qui manquent tant aux débats sur les langues et leurs noms en Grèce contemporaine.

Les études sur les langues les moins parlées de Grèce sont extrêmement rares encore aujourd'hui et elles traitent le plus souvent d'aspects juridiques, historiques et anthropologiques. Pourtant dans toutes ces études les communautés étudiées sont d'abord définies par leur spécificité linguistique, par le fait qu'on parle telle ou telle langue. Le besoin d'études linguistiques est donc important, y compris celui de monographies consacrées à des parlers locaux dont les spécificités échappent largement à l'attention.

La question du nom se pose en préalable à toute enquête ; le chercheur, en constituant un parler en objet d'étude ou en étudiant la communauté qui le parle, doit nommer cette réalité linguistique. Choisir un nom résulte en général d'un compromis : il faut tenir compte de traditions linguistiques différentes, de l'existence de cadres idéologiques parfois opposés et respecter les attitudes des locuteurs. La question du nom de la langue s'est posée pour tous les chercheurs qui participent au présent ouvrage. Ils font part de leur réflexion appuyée sur les principes suivants :

---

[15] Actuellement, s'oppose à ces études la presse nationaliste-populiste grecque, reprochant une attitude « anti-grecque ». Les informateurs se méfient souvent de participer à une enquête scientifique - risquant la désapprobation voire l'exclusion de la part de leur entourage en cas de « scandale » avec éventuellement des retombées professionnelles. Les chercheurs peuvent eux-mêmes être marginalisés dans leur entourage, ne plus être admis dans leur terrain d'enquête et plus rarement faire l'objet d'harcèlements de la part d'individus ou de groupes nationalistes (« pro-grecs ») appartenant à l'extrême droite.

- Les langues à tradition orale ou à tradition écrite présentent le même intérêt scientifique.
- Les langues ne sont pas homogènes et l'étude de leur variation est un des objets de la linguistique générale.
- Il faut distinguer les dénominations endogènes à la communauté et les dénominations exogènes (ou vernaculaires *vs* savantes).
- Il faut examiner les dénominations dans le contexte historico-politique dans lequel elles sont produites.

Ces principes vont à l'encontre de l'approche « non-scientifique » ou « naturelle » largement répandue :

- Les langues sont évaluées selon qu'elles sont écrites ou non ; les variétés écrites sont plus valorisées.
- Une langue est conçue comme homogène.
- La dénomination exogène ou savante est plus importante.
- On considère les dénominations comme des objets figés, existant en soi, avec un référent stable.

7. Les dénominations des langues en Grèce

Dans le présent volume on traite bien sûr du métalangage employé pour parler de ces langues (par les linguistes, les historiens, les hommes politiques) mais l'accent est surtout mis sur le discours épilinguistique des locuteurs eux-mêmes et sur les noms qu'ils emploient pour désigner « ce qu'ils parlent », souvent sans accorder à ces désignations un véritable statut de nom. Ainsi on a deux types d'appellations : les unes « savantes » et les autres « vernaculaires ». L'écart, et la tension parfois, entre les deux types de nomination sont importants mais la « standardisation » des noms de langues semble l'emporter dans une société moderne comme la société grecque, standardisation portée par le système éducatif et institutionnel qui fait autorité dans ce domaine. La reprise des emplois institutionnels masque le point de vue des locuteurs sur les langues en présence, point de vue que nous avons essayé de décrire à partir des discours et d'emplois insoupçonnés. Ces appellations endogènes ne sont pas traitées comme une expression de la « vérité » mais elles sont elles-mêmes situées dans des processus de constructions historico-politiques.

L'étude du nom des langues illustre la tendance générale à la dénomination endogène quasi constative : « la langue de ceux qui parlent »,

« la langue des hommes », « notre langue ». Ce phénomène s'observe également en Grèce : étymologiquement plusieurs dénominations font simplement référence à l'homme (*rom* > *romani*) ou à celui qui parle (*slave*) et désignent par la suite l'appartenance à un groupe. Aussi, comme le note G. Drettas à propos du pontique dans le présent volume, « la langue vernaculaire n'a pas besoin d'être nommée par un terme spécifique. Face à l'étranger c'est tout simplement *teméteron i-kalači*, notre parler ». Toutefois, pour le romani, *amari čhib* « notre langue » a une double référence, tantôt au vernaculaire, tantôt à la langue qui de façon plus large est partagée par tous les Roms.

On observe également que les dénominations exogènes sont rarement reprises par les locuteurs eux-mêmes, le plus souvent elles sont acceptées avec une certaine distance (le cas du nom *bulgare* pour désigner les parlers slaves) ou réinterprétées avec d'autres valeurs (*jifti*, terme péjoratif en grec, est employé par les Rom eux-mêmes pour distinguer les communautés installées en Grèce de longue date (Moyen-Âge) de celles qui viennent d'arriver ou bien en Thrace pour distinguer entre les musulmans et les chrétiens).

On doit également noter les dénominations endogènes qui se créent en réaction à une pression extracommunautaire, notamment en adoptant le modèle de la langue dominante, en l'occurrence le grec : ainsi dans certaines variétés de slave on emploie le possessif féminin (sur le modèle de l'accord avec le nom grec *ghlosa* « langue ») pour former *nashta* « la nôtre » ; on construit de même des pluriels-neutres en calquant la façon de nommer les langues en grec, ce qui donne en slave *nashte* « les nôtres » ; ou bien l'on calque une structure grecque, *ntopika / ntopja*, comme dans les parlers slaves d'ouest avec *tukashno* « local ».

On observe également des dénominations qui traduisent la situation de bilinguisme inégalitaire de la communauté, lorsque la langue « sans prestige » emprunte à une langue dominante pour nommer sa langue (dans plusieurs cas de figure emprunt au turc pour les variétés de romani) ou calque une appellation : c'est le cas de l'*arvanite,* terme qui reprend la racine lexicale grecque « arvanit- » en remplaçant la racine propre à la langue *arbërisht*. Lorsque la forme même de la langue est touchée, les locuteurs désignent également cette variété avec un nom grec : *elinoarmenika* « gréco-arménien », pour signaler les calques de l'arménien au grec ; *romika* pour une langue mixte qui mêle syntaxe grecque et lexique de base de romani.

On note enfin des dénominations elliptiques, signalant le tabou sur l'existence de ces langues. C'est le cas par exemple de l'arvanite, qu'on n'évoque dans les discours qu'en parlant de « lui » (pluriel neutre suivant le modèle du grec) : « il ne le (les) connaît pas », en grec *dhen ta kseri* ou en arvanite *nuk e di*, « tu le (les) comprends ? » en grec *ta katalavenis ?* Même phénomène à propos de certains parlers slaves : « tu le (les) connais, comment tu connais ça ? » en grec *ta kseris ? pos ta kseris afta ?* On peut se poser la question de savoir s'il s'agit là d'une intériorisation du silence du discours officiel et de l'idéologie dominante ou bien de plaies non cicatrisées causées par l'interdiction bien réelle d'emploi de ces langues. Il peut également s'agir d'un positionnement prudent en attendant de voir quels sont les intentions et les emplois de l'interlocuteur. E. Botsi, quant à elle, suggère comme piste d'analyse le manque de prestige véhiculé par ces variétés orales, actuellement outils de communication familiale.

Face à ces dénominations qui taisent la présence de langues on voudrait rapidement signaler le cas inverse, illustré par le *yévanique* ou *judéo-grec*, déclaré parfois comme langue minoritaire de Grèce (cf. Wikipedia ayant comme source l'ambassade grecque de France). Ce qui se distingue si bien dans la dénomination et acquiert un statut que d'autres langues très parlées ne réussissent pas à obtenir (p. ex. le romani n'est pas cité dans cette liste) désigne le grec de la communauté juive de Grèce (étudié à partir de quelques traductions médiévales de textes hébraïques) qui, d'après des critères linguistiques, n'est pas une variété distincte du grec dialectal parlé en dehors de la communauté juive (à l'exception bien sûr de certains emprunts) (voir Drettas 2003).

Les dénominations à composante géographique sont très courantes, caractérisant soit l'actuel lieu d'habitation de la communauté (« parler de X », « romani de X », *macédonien*), le lieu d'habitation au moment où le nom de la langue surgit mais actuellement devenu lieu de provenance (*lazuri, pontique, arvanite*) ou bien le dernier lieu d'habitation (pour les Rom *stambulia* « ceux qui viennent d'Istanbul »). Ce type d'appellation peut se faire en grec, ex. *sohina* « parler de Sohos » et le nom du village employé comme base est soit le nom actuel soit le nom antérieur à la nomenclature grecque (ex. Bahiassa)[16]. Ces dénominations peuvent servir de spécialisation d'une catégorie plus large qui est acceptée par les locuteurs (ex. romani, aroumain, arvanite) ou au contraire elles peuvent servir pour dévier une appartenance plus large que les locuteurs rejettent (ex. parlers slaves).

---

[16] Les noms des lieux ont été modifiés par l'État grec (grécisés, traduits, inventés, anciens toponymes, etc.). De telles pratiques sont très répandues dans le monde : ex. Israël, Afrique du Sud, Inde, etc. cf. Bruck, Bodenhorn (eds) 2006.

Chez les Rom la distinction entre sédentaires et nomades est aussi un élément qui sert à nommer les différents groupes et leur langue : ex. *arlikanes* « le parler des sédentarisés, des locaux », du turc *arli* « installé ».

Les dénominations à composante socioprofessionnelle sont courantes pour nommer les groupes (pour les Aroumains *çoban* « pasteur » en turc et en albanais, *gogu* « maçon » en albanais) ; dans le cas du romani elles servent aussi pour nommer la langue (ex. *sepeçi* « vannier » du turc).

Enfin, on rencontre des dénominations qui prennent appui sur un critère religieux en exploitant la dichotomie « vrai – faux » : *kalpazan* « faux » est employé par les Rom musulmans pour nommer les Rom qui « jouaient » de leur appartenance religieuse en fonction de leurs intérêts. Le critère religieux sert souvent à distinguer des groupes de langues apparentées, conformément à la prépondérance historique de la religion dans la région : tel est le cas des Çames et des Arvanites par exemples, les uns majoritairement musulmans, les autres chrétiens ; de même que la distinction entre les Pomaques, slavophones musulmans, et les autres slavophones de Grèce, traditionnellement chrétiens orthodoxes. Nos enquêtes montrent toutefois que les locuteurs ne reprennent pas forcément ces distinctions et que dans certains types de discours (qu'il faudrait à chaque fois prendre le soin de situer dans leur contexte pour en saisir les nuances) le partage d'une langue non-standardisée de la même famille s'avère être un paramètre qui va au-delà de la divergence religieuse.

Restent aussi les dénominations insaisissables, bien que très répandues, aux contenus flous comme le *pomaque*. Il est en effet important d'aller au-delà de la simple reprise d'un terme et d'essayer d'en saisir le contenu : de même, reprendre le fait qu'on se dise « Macédonien » avant de se dire « Grec » sans en expliquer le contenu est une manipulation des données (un lecteur européen peut en conclure que le locuteur fait référence à l'Ancienne République Yougoslave de Macédoine alors que les locuteurs accordent généralement à ce terme un contenu d'appartenance géographique - comme on se déclare « Crétois », etc.).

Il faut noter enfin le caractère fluctuant des nomenclatures : tant au fil du temps que dans le temps d'une discussion pendant laquelle on observe la négociation et parfois l'adaptation des locuteurs aux terminologies des interlocuteurs. Les changements de noms de langues et de référents dans le temps sont attestés de manière éloquente dans le cas du pontique mais aussi pour les parlers slaves ou l'arvanite.

Nous n'avons pas traité dans ce volume des modalités de négociations des noms de langues entre interlocuteurs, domaine dans lequel des études plus poussées seraient nécessaires.

8. LIRE CE VOLUME

Le présent ouvrage est organisé en 6 chapitres qui présentent chacune des langues parmi les moins parlées de Grèce. Chaque chapitre présente, dans un ordre variable, des informations sur le nom de la langue, mais aussi sur la situation linguistique, sociolinguistique et historique afin de permettre au lecteur de mieux comprendre le contexte général dans lequel il faudra situer les enjeux de la nomination des langues.

On espère par cette publication ouvrir le débat sur les langues les moins parlées de Grèce, un sujet tabou encore aujourd'hui mais qui ne tardera peut-être pas à évoluer sous les incitations de la Communauté Européenne. De même, la modification des frontières des États-nations, notamment pour ce qui est de l'intégration de la Grèce, de la Bulgarie et de la Roumanie dans l'espace Schengen mais aussi la facilité de déplacement vers l'Ancienne République Yougoslave de Macédoine, l'Albanie voire la Turquie, est déjà en train de modifier les réseaux communicationnels et aura sans doute un impact considérable sur les représentations identitaires (Wilson, Donnan 1998). On observe en effet déjà de nombreux échanges commerciaux, des déplacements journaliers des populations frontalières d'un État à l'autre pour les loisirs et les achats, des réseaux matrimoniaux dynamiques entre les populations des différents États, sans oublier le tourisme et l'éducation.

Le nom des langues II. Le patrimoine plurilingue de la Grèce
(sous la direction d'E. Adamou), Louvain, Peeters, BCILL 121, 2008, p. 31-45.

AROUMAIN

Stamatis Beis
Académie d'Athènes, Grèce

RÉSUMÉ : *Dans la première partie, nous présentons la place de l'aroumain parmi les langues romanes. Des informations supplémentaires sont fournies pour l'istroroumain et le meglenoroumain, langues proches de l'aroumain, souvent ignorées. L'accent est mis sur l'auto-désignation, les appellations employées par les Aroumains et leurs différentes branches pour se nommer eux-mêmes et nommer leur langue. Une partie est réservée aux dénominations attribuées aux Aroumains par leurs voisins pour les différencier. Nous avons tenté de repérer des constructions idéologiques dans le métalangage utilisé pour parler de cette langue par les historiens, les hommes politiques et les linguistes.*

1. CLASSEMENT DE L'AROUMAIN PARMI LES LANGUES ROMANES

Après la conquête romaine de la péninsule balkanique, celle-ci est devenue un centre de culture et de langue latines parmi d'autres cultures et langues déjà existantes[17]. La langue roumaine en est considérée comme le dernier vestige dans les Balkans, mais n'en est pas la seule ; en général, on ignore l'existence des autres langues romanes, parlées dans la péninsule balkanique, que nous présenterons ici en détail. Ces langues ne sont donc pas *issues* du roumain, comme un lecteur contemporain pourrait l'imaginer, mais ont connu un développement indépendant sous forme orale et n'ont jamais été standardisées. A part le dalmate, langue parlée sur les côtes dalmates, et ayant disparu au cours du 19ᵉ siècle (le dernier locuteur de

---

[17] Cf. notamment le passage de Jean Lydien (De magist. d. Bonn : 261-268) cité par Lazarou 1986.

cette langue, qui est appelée aussi *Vegliote*, est mort en 1898, dans l'île de Veglia) (Bec 1971 : 233), d'autres langues originaires du latin oriental continuent d'être parlées dans les Balkans. Le dalmate appartient aux langues romanes occidentales. L'aroumain, qui constitue l'objet de ce chapitre, comprend un ensemble de parlers romans apparentés au roumain, qui sont parlés en Grèce du Nord, en Albanie et dans l'Ancienne République Yougoslave de Macédoine. L'aroumain appartient à la branche orientale des langues romanes (comme nous le développons plus loin) qui contient, outre le roumain, les langues suivantes :

1.1. L'istroroumain

Le nombre des locuteurs de cette langue a été estimé à 2 000 environ (Bec 1971 : 170). Ils sont répartis dans quelques villages de la région de Cicarija, située entre le mont Maggiore et le lac de Cepih, dans la péninsule d'Istrie, en territoire croate, près de la frontière croato-slovène et de la ville italienne de Trieste. L'enclave *istroroumaine* comprend les villages de Brdo, Susnjevica, Sucodru, Costirceanu, Noselo, actuellement abandonnés par leurs habitants émigrés dans les villes de la côte de l'Istrie. Ces localités n'occupaient qu'une petite partie d'une zone plus large où l'*istroroumain* était parlé dans le passé. De plus, le petit nombre des locuteurs actuels, qui ne constituent parfois qu'une minorité dans leurs villages, ne laisse guère d'espoir pour l'avenir de cette langue.

Les *Istroroumains* sont souvent nommés par leurs voisins Slovènes *Ciribiri* et/ou *Cici* (en slovène). Leur cas est un bon exemple de survivance linguistique malgré leur situation géographique qui les place parmi des peuples différents, Croates, Slovènes et Italiens, situation qui sans doute a participé de cette survivance. Il semblerait qu'ils se soient installés dans la région qu'ils occupent actuellement à partir du 15ᵉ siècle. Toutefois, les avis divergent quant à leur origine. Certains chercheurs suggèrent qu'ils proviennent du territoire de la Roumanie actuelle, tandis que d'autres les situent plus au sud des derniers vestiges valaques de la Serbie et de la Croatie mentionnés par les chroniqueurs serbes et croates du Moyen Âge[18].

---

[18] La bibliographie concernant l'*istroroumain* comprend entre autres les ouvrages de Rosetti (cf. 1966) et les articles de Neiescu (cf. 1965).

1.2. Le meglenoroumain ou meglenite

Cette langue est parlée dans une enclave de la plaine de Meglena située des deux cotés de la frontière entre la Grèce et l'Ancienne République Yougoslave de Macédoine, au nord de Salonique. Le nombre de ses locuteurs a été estimé à environ 15 000 personnes[19]. L'enclave *meglenite* ou *meglenoroumaine* comprend les villages d'Archangelos (/óʃane/ en meglenoroumain), Langadia, Perikleia, Skra (/lúmnitsə/ en meglenoroumain) et Koupa, du coté grec, et les villages de Konjsko et Sermenin, du côté de l'ex-République Yougoslave de Macédoine. Les habitants actuels de Notia (/núntə/ en meglenoroumain) ne parlent plus le meglenite, ce village étant habité par des réfugiés grécophones venus de l'Asie Mineure après 1922. Les anciens habitants de ce village, qui étaient musulmans, sont actuellement installés en Turquie.

Le *meglenite* présente plusieurs différences avec l'aroumain aux niveaux morphologique et phonologique, souvent attribuées à des influences slaves. Les Meglenites habitent un territoire assez hétérogène du point de vue linguistique, leur langue ayant subi l'influence de toutes les langues avec lesquelles elle est entrée en contact comme le grec, le dialecte pontique[20] du grec (à cause de l'arrivée des réfugiés grecs d'Asie Mineure après 1922), le slave-macédonien, le turc et l'aroumain lui-même, parlé dans le village de Megala Livadia qui constitue un îlot aroumain dans l'enclave *meglenite*. La plupart des travaux effectués sur le *meglenite* ou *meglenoroumain* ont été réalisés par des chercheurs roumains qui considèrent cette langue comme intermédiaire entre l'aroumain et le roumain standard[21].

Les *Meglenites* se différencient des autres populations romanes des Balkans. Ils doivent être considérés comme les survivants d'une population romane plus importante qui habite l'actuelle Bulgarie (Winnifrith 1992 : 22). D'après certains auteurs, ils sont liés avec les Petchenègues[22], installés sur le territoire qu'ils occupent actuellement, par l'Empereur Basile II en 1099, pendant la période byzantine[23]. Ils s'opposent aux Aroumains par l'emploi du terme *Valaque* (/vláhi/ en leur langue[24]) et non du terme

---

[19] *Ibid.*

[20] Cf. Drettas G., « Gréco-pontique » dans ce volume.

[21] Nous trouvons des informations linguistiques et historiques sur le *méglenite* dans les ouvrages de Capidan (1925) et de Weigand (1892).

[22] Cf. Lexique, *Petchenègues*.

[23] C'est la position adoptée par Weigand (1892) et par Capidan (1925).

[24] Tous les noms des peuples dans le cadre de ce travail sont présentés au masculin pluriel.

Aroumain (/armɨ'ni/ en leur langue) pour se désigner eux mêmes, mais aussi par leur mode de vie agricole et sédentarisé (ils ne partagent pas le mode de vie semi-nomade et pastoral des Aroumains). Les routes asphaltées qui ont été construites dans les années 1950 et la modernisation de l'agriculture ont contribué à ce que la population demeure sur place et à la conservation de la langue *meglenite*.

1.3. L'aroumain (valaque ou coutsovalque ou macédoroumain)

L'aroumain, l'objet de notre travail de recherche, comprend un ensemble de parlers, avec des variantes présentant des différences notables ; il est parlé en Grèce du Nord, en Albanie, dans l'Ancienne République Yougoslave de Macédoine, par un nombre de locuteurs supérieur à ceux des langues mentionnées précédemment (dépassant sans doute les 200 000 locuteurs), mais des données vraiment fiables manquent actuellement.

Comme il s'agit de langues qui sont en voie de disparition, le problème du classement et de la définition des parentés entre des parlers mal connus, comme l'aroumain, le meglenoroumain, l'istroroumain, reste à faire. Seule l'origine commune de ces langues (origine qui remonte au latin balkanique) est indiscutable. Des problèmes analogues se présentent en ce qui concerne le nombre de locuteurs de ces langues. En effet, il existe une grande différence entre d'une part les chiffres indiqués par les différents auteurs et les données statistiques des pays balkaniques et d'autre part la réalité. Par le nombre de ses locuteurs et par son étendue géographique, l'aroumain est la plus importante des langues et des parlers romans de la péninsule balkanique, mis à part le roumain parlé par environ 25 millions de locuteurs. Pour définir la position et la parenté de cette langue avec les autres langues romanes, nous nous sommes appuyé sur les informations données par Bec et Tagliavini. Selon Tagliavini (1964 : 300), l'aroumain fait partie des quatre dialectes de base de la langue roumaine. Selon les informations de Bec, l'aroumain se rapproche davantage du meglenoroumain et diffère du roumain et de l'istroroumain (Bec 1971 : 472). La position de l'aroumain peut être illustrée par le tableau suivant, qui a été réalisé selon des informations concernant la classification de la branche balkanique des langues romanes (Coteanu 1959 : 47).

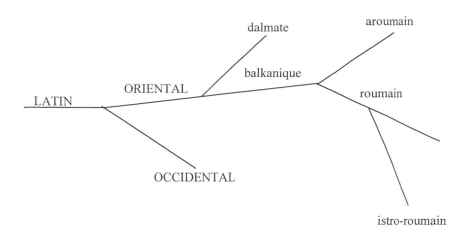

Les Aroumains ont subi une importante diaspora ce qui implique une répartition géographique étendue du territoire de l'aroumanophonie entre différents îlots linguistiques ne formant pas une unité compacte. En Grèce, la présence des Aroumains est repérable davantage dans la partie septentrionale et centrale du massif du Pinde, partagé entre les régions grecques de l'Epire, de la Thessalie et de la Macédoine. Les Aroumains occupent la plus grande partie de cette chaîne. L'îlot aroumain du Pinde s'étend sur un territoire de 100 kilomètres de longueur et de 40 kilomètres de largeur, le long du Pinde. Metsovo, un bourg de 4000 habitants, est l'agglomération la plus importante de cette enclave. Les autres îlots aroumains sont constitués par des enclaves de villages situés un peu partout en Grèce du Nord, notamment au mont Olympe, au mont Vermio, au mont Verno, au mont Grammos et dans les plaines de la Thessalie et de la Macédoine. Des enclaves aroumaines existent aussi dans le Sud-est de l'Albanie (aux alentours de Korcë) et dans le Sud-ouest de l'Ancienne République Yougoslave de Macédoine (aux alentours de Bitola et de Krusevo) (cf. Beis 2000 : 41) et dans une moindre mesure dans le Sud-ouest de la Bulgarie.

La carte 2, présentée à la page 45, a été réalisée d'après les données fournies par T. Winnifrith (1992 : Annexe). Sur cette carte ne sont signalés que les villages habités depuis plusieurs siècles par des populations d'origine aroumaine. Il s'agit de communautés linguistiques dans lesquelles l'aroumain est parlé aujourd'hui par des locuteurs de différents niveaux de compétence, alors que la pratique de l'aroumain était généralisée dans la période avant la Seconde Guerre Mondiale (Capidan 1932 : 93-94). Le répertoire linguistique des habitants des ces villages est actuellement constitué du parler aroumain local et de la langue officielle du pays (grec, albanais, slave-macédonien). Une liste plus exhaustive qui énumère les endroits où le phénomène de la aroumanophonie se produit et qui inclut aussi les villages où les Aroumains cohabitent avec d'autres populations est fournie dans Beis 2000 : 35-58.

L'aroumain est une langue à tradition orale en voie de disparition avec une diversification linguistique importante. Il s'agit d'un ensemble de parlers qui malgré leurs différences partagent un grand nombre de traits communs rendant l'intercompréhension entre des locuteurs des parlers différents possible. Cette unité relative est le résultat des déplacements fréquents de populations dans l'espace balkanique, puisque les locuteurs des différents parlers aroumains s'entremêlent tant par leurs installations que par leurs contacts intenses (Beis 2000 : 31).

Au cours du temps, l'aroumain a eu de multiples contacts avec d'autres langues balkaniques. Parmi elles, c'est le grec qui l'a le plus influencé, surtout au niveau du vocabulaire, mais aussi au niveau phonologique et morphologique. T. Papahagi dans son *Dicţionarul Dialectului Aromân* recense 2 543 termes d'origine grecque, soit 27,52 %, contre 1 628 termes d'origine latine, soit 17,68 % (Papahagi 1963). L'importance du grec est expliquée par le fait que la majorité des Aroumains habitent actuellement à l'intérieur du territoire grec, mais aussi par l'emploi du grec dans les institutions culturelles comme l'école et l'église qui remonte avant la création de l'État grec en 1830.

Cependant, l'influence du grec n'est pas la seule exercée sur l'aroumain. Si les Aroumains sont actuellement bilingues (en Grèce, mais aussi dans les autres pays balkaniques où ils parlent également les langues nationales de ces pays), ils ont été pratiquement plurilingues pendant des siècles dans le cadre de la société pluriculturelle de l'Empire ottoman[25]. Par ailleurs, dans l'Empire ottoman, l'organisation des populations se fait selon le critère de la religion, ce qui a comme conséquence l'appartenance des Aroumains à la *millet* grecque, au sein de laquelle le grec, langue officielle de l'Eglise et langue de prestige, est employé dans les écoles et les églises (Hobsbawm 1990). Outre le grec, les langues avec lesquelles l'aroumain a eu des rapports directs sont le turc, l'albanais et le slave-macédonien. Nous pouvons aussi nous demander quelle a été l'influence du roumain standard enseigné dans les écoles roumaines qui ont fonctionné pendant une certaine période dans certains villages aroumains, de la fin du 19ᵉ siècle jusqu'à la Seconde Guerre Mondiale.

---

[25] Les Aroumains sont actuellement bilingues. Ils pratiquent outre leur langue maternelle, la langue officielle du pays où ils résident (le grec, l'albanais, le slave-macédonien et le bulgare).

Dans leurs efforts pour rallier les Aroumains à leur camp, les nationalistes des Etats balkaniques ont recherché des alliés à de nombreux niveaux. Les Grecs et les Roumains essayèrent, chacun pour leur compte, de les associer, en tant que partie intégrante de leur nation. Dans cette perspective, un mouvement roumanisant fondé sur la parenté entre l'aroumain et le roumain s'amorce déjà pendant l'Empire ottoman avec l'implantation des écoles roumaines[26] (Wace, Thompson 1914 : 8) dans les régions habitées par les Aroumains. Dans ces écoles, l'aroumain ne servait que d'intermédiaire, il n'était employé qu'à l'oral[27] pour le contact de l'instituteur et des élèves et il était remplacé par étapes par le roumain standard enseigné sous sa forme écrite et standardisée (Trifon 1993 : 195). D'ailleurs l'aroumain est souvent considéré par les auteurs roumains comme un dialecte roumain, appelé aussi dialecte macédoroumain (terme qui s'oppose au dacoroumain qui désigne le roumain standard). Pourtant les opinions divergent en ce qui concerne la relation entre ces deux langues, question qui est débattue depuis longtemps parmi les romanistes balkanistes.

Dans ce contexte, le fait de s'identifier comme Aroumain change de signification ou de contenu et a des conséquences différentes qui se répercutent dans l'espace et le temps. Ce n'est pas un hasard, qu'une minorité des Aroumains de cette époque ait commencé de se désigner comme *Românî* (« Roumains ») ou *Macedoromânî* (« Macédo-roumains »)[28].

2. NOMMER L'AROUMAIN ET LES AROUMAINS

Tous les noms résultent du double processus de métaphorisation et d'ellipse ; mais seuls les noms propres et les noms d'abstraction sont également susceptibles de symbolisation. Et parmi eux, les noms de langues et de peuples (Le Berre, Le Dû 1997 : 116).

---

[26] La plupart de ces écoles ont continué de fonctionner après le rattachement de l'Épire et de Macédoine à la Grèce en 1912.

[27] Les responsables des écoles roumaines de l'Empire ottoman ne cherchaient pas à créer une langue aroumaine commune, compréhensible par tous les Aroumains, mais tentaient de renforcer une identité nationale roumaine par l'enseignement du roumain.

[28] Il faudrait souligner que le nombre des écoles grecques dépassait de loin le nombre des écoles roumaines pendant cette période et ceci parce que la plupart des communautés aroumaines avaient refusé l'ouverture des écoles roumaines, malgré le fait qu'elles offraient la possibilité d'apprentissage d'une langue proche de la langue maternelle des Aroumains.

Dans la mesure où l'écriture grecque n'est pas compréhensible par tous, et où l'aroumain ne possède pas un système d'orthographe unique et fixe, nous présentons également la notation phonologique des noms en aroumain. Nous avons employé un système d'orthographe aroumain particulier, qui est à notre avis plus conforme aux particularités historiques et phonologiques de cette langue. En ce qui concerne la dénomination de la population qui parle l'aroumain, elle est en général connue dans la bibliographie internationale sous deux noms différents : ils peuvent s'appeler aussi bien *Valaques* (cette nomination française provient du nom utilisé en grec moderne *Vlakhi Βλάχοι* /vláxi/) aussi bien qu'*Aroumains* (qui provient de *Armîni* /armɨ'ni/, le nom que les Aroumains préfèrent utiliser entre eux).

Il faut préciser que les Grecs ne sont pas les seuls à désigner ce peuple comme *Valaques*, la plupart des peuples de la péninsule balkanique emploient des noms dont la forme ressemble à la forme *Vlakhi*. Tandis qu'il est généralement admis que le terme *Aroumain* provient du latin *Romanus* (Capidan 1932 : 3), l'étymologie du nom *Valaque* a beaucoup suscité l'intérêt des spécialistes. Parmi les différentes interprétations proposées, celle qui prévaut, affirme que le nom *valaque* provient de l'ancien mot allemand *Walh* qui désignait d'abord les Gallo-romains (des Celtes latinisés) (Poghirc 1989 : 9). Par ce nom, les tribus germaniques désignaient les populations latinophones qui peuplaient l'ancien Empire romain (cf. les mots allemands *welsch* « roman, latin, étranger », *Welschen* « les Latins », *Welschland* « la France, l'Italie », *Wallach* « Roumain », *Wlach* « l'Aroumain » ; le mot anglais *Welsh* « gallois » ; le mot polonais *Wolosy* « Roumain », *Wlochi* « Italien » et le mot français *Wallon*). En fait, ce nom provient du nom de la tribu celte romanisée *Volcae* qui voisinait avec les tribus germaniques (Wace, Thompson, 1914 ; Katsanis 1997 : 26).

Des parlers germaniques, le nom *Valaque* est passé dans les parlers slaves, où l'on rencontre le terme *Vlachu* pour les Italiques (Tagliavini 1964). Chez les Slaves de l'Est, le nom apparaît sous la forme *Volosi* dans la chronique de Nestor (Poghirc 1989 : 10). Selon l'avis unanime, ce nom a été transmis des Slaves balkaniques aux Grecs[29]. Repris par les Slaves, les Grecs et les Turcs pour désigner indifféremment les Aroumains et les Roumains, « valaque » est devenu synonyme de « berger nomade »[30]. Dans l'Occident médiéval circulait la forme *Valachus*, qui est à l'origine du français *Valaque* et *Valachie*. Le nom *Valaque* désigne en français à la fois

---

[29] Capidan 1937 : 3-7 et Lazarou 1986 : 11-15.
[30] Voir Lazarou 1986 : 11.

les habitants de la région roumaine de la Valachie et les Aroumains qui vivent au Sud du Danube.

D'un point de vue ethnographique, les Aroumains sont issus de deux rameaux bien distincts, dont les souvenirs les plus anciens se rapportent à deux contrées différentes. Il s'agit des Coutsovalaques (*Κουτσόβλαχοι* /kutsóvlaxi/ en grec), considérés comme étant originaires de la Thessalie et des Arvanitovalaques (*Αρβανιτόβλαχοι* /arvanitóvlaxi/ en grec) qu'on estime être originaires de l'Albanie du Sud et qui sont assez différenciés des autres Aroumains. Les Aroumains fixés au sud de l'Albanie (dans la région de Korçë et notamment dans le bourg de Frëshër qui a donné le nom de *Farsarotsi, Fraserotes*) et en Epire (près de Konitsa) et ceux qui ont émigré de ces contrées vers d'autres directions, appartiennent au rameau des Arvanitovalaques. Ils portent ce nom à cause de leur coexistence géographique dans leur berceau ancestral avec les Albanais, appelés parfois Arvanites par les Grecs, du même nom que les locuteurs de l'arvanite[31] de la Grèce du Sud, langue apparentée à l'albanais. Les membres de cette branche aroumaine qui habitent la Grèce employaient aussi, jusqu'à une certaine période (1912-1945), l'albanais[32] et parlent une forme d'aroumain assez différente de celle utilisée par les Coutsovalaques[33]. Les autres Aroumains, ceux du massif du Pinde en Grèce, sont considérés comme des Coutsovalaques. Une grande partie des Arvanitovalaques sont désignés comme *Farsarotsi, Fraserotes* (puisqu'ils habitent aussi la petite ville de Frëshër en Albanie du Sud) ou bien *Caragounis*[34] que l'on estime être originaires de l'Albanie du Sud.

Quant aux Aroumains, ils se désignent depuis toujours par *Armîni* [armɨˈɲi], (*Armînu* : [armɨˈnu] au singulier), qui provient d'un terme hérité du latin *Romani*. Ils appellent leur langue *armîneşti* [armɨˈɲeʃti][35] ou plus rarement *armînească* /armɨˈɲaskə/ (=aroumaine). Ces termes sont issus du latin *Romāni* que les Roumains emploient pour se désigner et *Ρωμιοί* (*Romii*) nom que les Grecs employaient pour se désigner jusqu'au 19ᵉ siècle. Les membres de la

---

[31] Cf. dans le présent volume, Botsi E., « Arvanitika ».

[32] Ce qui n'est pas tout à fait vrai pour tous les Arvanitovalaques. Par exemple Tom Winnifrith (1992 : 16) mentionne les habitants de Argyropouli - village situé prés de Larissa en Thessalie - qui ne pratiquaient pas l'albanais et dont l'origine reste à définir.

[33] Les Arvanitovalaques qui habitent la region de Korçë en Albanie de Sud-Ouest utilisent actuellement outre l'arvanitovalaque, l'albanais.

[34] Ce nom désigne les Arvanitovalaques habitant l'Étoloacarnanie et l'Épire du Sud. Il ne faut pas confondre ces Arvanitovalaques avec les Caragounis, le groupe des grécophones de la Thessalie occidentale.

[35] Il s'agit d'un adverbe, en aroumain comme en roumain les adverbes sont employés pour désigner les langues.

branche des Arvanitovalaques utilisent la forme *Remeni* [rəm'əni] au lieu de *Armîni* [armɨ′ni].

Par opposition aux Aroumains, les Meglenoroumains et les Istroroumains (autres populations des Balkans parlant des langues romanes) ont repris le nom de *Valaques* sous les formes de *Vlasi* [vlási] ou *Vlahi* [vláxi]. Dans ce cas précis, la langue aroumaine est désignée comme *vlaheşti* [vlaxéʃti] au lieu de *armîneşti* [armɨɲéʃti]. Ce dernier nom est employé au même titre que le nom *Armîni* [armɨ′ni] pour la langue aroumaine et non pour leur auto-désignation à Metsovo et dans les villages environnants (Anilio, Milia, Votonossi, Malakassi, Trygona etc.) Malheureusement il n'a pas été possible, jusqu'à l'étape actuelle de cette recherche, de repérer les autres villages où le terme *vlaheşte* est employé au lieu du terme plus général *armîneşti* pour désigner leur langue, ceci demande une recherche collective et longue.

Le nom propre *Romani* a perdu beaucoup de son sens initial ; en effet, il n'était pas fréquemment employé par les latinophones du nord du Danube. Au contraire, le nom *Romii* (Romains), dont la parenté avec le nom *Aroumains* (/armɨ′ni/ en aroumain) est évidente, était utilisé aussi par les sujets grécophones de l'Empire ottoman (qui se considéraient comme les héritiers de l'Empire romain de l'Est et de Byzance). L'étymologie commune de ces appellations ne signifie pas que les Grecs et les Aroumains ne se différencient pas. Les Aroumains emploient le terme *Gretsi* pour désigner les Grecs, comme la majorité des Européens, et les Grecs emploient le nom *Vlakhi* /vláxi/ pour désigner les Aroumains, comme le reste des peuples des Balkans.

A la fin du 19e siècle, Gustav Weigand fut parmi les premiers auteurs à utiliser le terme Aroumain (Weigand 1895, 1894). Le terme désigne, phénomène fréquent en matière d'ethnonyme, une profession et une catégorie sociale. En effet, les Aroumains pratiquaient le pastoralisme semi-nomade, et Valaque est ainsi devenu un nom qualifiant ceux qui se livraient à cette activité et avaient ce mode de vie. Selon un processus également courant, l'ethnonyme s'est chargé d'une connotation péjorative dans ce jeu de nominations entre groupes. En grec moderne le terme Aroumain (*Βλάχος*) fonctionne comme stéréotype et/ou insulte et signifie aussi le berger, le nomade, l'homme rustre, brutal mais aussi le paysan, le primitif. Parfois, cette dernière signification railleuse est la seule connue par des jeunes Grecs de la Grèce méridionale, qui ignorent la présence des Aroumains latinophones en Grèce. Ainsi, lorsqu'on emploie le mot *Valaque* en grec moderne, des confusions sémantiques entre la signification d'origine et la signification péjorative se produisent souvent.

Le nom *Valaque*, sous ses différentes formes dans les langues balkaniques, désigne également, outre les Aroumains, d'autres populations latinophones des Balkans que nous allons présenter par la suite. Dans la partie nord-ouest des Balkans, en Croatie, et plus exactement dans la péninsule de l'Istrie existent encore les *Istroroumains* (Stahl 1974 : 17-24). Plus au sud, près de la région de la Dalmatie, jusqu'au milieu du siècle passé, vivaient les *Mavrovlaques* ou *Morlaques* dont la zone de peuplement s'étendait jusqu'au Monténégro et à la Serbie (Dragomir 1924 : 68). Mis à part les *Istroroumains* et les *Morlaques* (Winnifrith 1992 [1987] : 30) il existe une autre catégorie de latinophones, les *Megleno-roumains* ou *Meglenites* qui habitent (Capidan 1925) dans la plaine de Meglen des deux côtés de la frontière de la Grèce avec l'ex-République Yougoslave de la Macédoine. Les habitants de la Valachie (la région historique de la Roumanie au nord du Danube) portaient aussi le nom Valaques (sous la forme de *Valahi*), disparu aujourd'hui au profit des termes *Munteni* et *Munteani*. En roumain actuel, l'appellation « Muntenia » est bien plus fréquente que l'appellation « Valahia » qui survit cependant. Des questions intéressantes résultent de l'homonymie entre les Valaques, les Roumains habitant le nord de Danube et les Valaques/Aroumains du Sud de Danube. Est-ce qu'il s'agit du même peuple qui employait le même nom ? Une réponse positive à cette question n'est pas facile. C'est leur auto-désignation qui sépare les deux peuples, le terme *Valahi* (employé jusqu'au 19ᵉ siècle et remplacé actuellement par le nom Munteni) des Valaques/Roumains s'oppose à *Aromîni* des Valaques/Aroumains du Sud de Danube. Il faut ajouter, que l'auto-désignation *Vlahi*, au pluriel, est employée dans un petit nombre de villages aroumains au même titre que le nom *Armîni* [armí'ni] et que le terme *Roumains* est relativement récent (il était employé par les intellectuels roumains à partir du 18ᵉ siècle).

Du fait des multiples migrations que leur impose leur état de pasteurs semi-nomades, les Aroumains ont subi une forte diaspora, et ils ont fondé des villages ou ont peuplé des quartiers de certaines villes, qui n'avaient pas initialement le caractère d'installations fixes mais qui ont perduré jusqu'à nos jours. Cette situation particulière a donné lieu à des différenciations importantes entre les divers groupes d'Aroumains et à une forte tendance à l'assimilation avec les groupes culturels qui les entouraient. Il est donc assez difficile de préciser exactement leur répartition géographique et leur nombre. En plus de ces dénominations, citons celles que leur donnent leurs voisins : les Serbes les appellent *Tsintsares* (*Tsintsari* en serbe) et *Vlahi*, les Bulgares emploient le terme : *Vlasi*, les Albanais *Vllah* ou *Vlla* ou *Rrëmër*, les Turcs *Ulah* (Capidan 1937 : 1). Selon l'avis de Capidan, le terme *Tsintsares* provient de la fréquence de la réalisation [ts] en aroumain (Capidan 1937). A ces noms, il faudrait en ajouter certains qui désignaient leurs occupations mais qui ont fini par représenter tous les Aroumains. C'est le cas des dénominations exogènes qui ne sont pas reprises par les Aroumains : *çoban* « pasteur » en turc et en albanais, qui désigne leur mode de vie traditionnel et *gogu* « maçon » en albanais, qui indique un autre métier traditionnel aroumain, dénominations employées par les Albanais du Kosovo, les musulmans de Bosnie et par les Serbes aussi.

Parmi tous ces noms, nous avons opté pour le nom *Aroumains* dans le cadre de cette présentation tout d'abord parce que ce nom est établi dans la bibliographie internationale, mais aussi parce qu'il est employé par les Aroumains eux-mêmes sous la forme /armɨ´ni/. Ainsi, nous avons rejeté les noms de *Macédo-roumains* (*Macedoromâni* en roumain)[36] employé fréquemment par les auteurs roumains et de *Coutsovalaques* (*Κουτσόβλαχοι* en grec) utilisé par les auteurs grecs et dans certains cas, par des auteurs roumains, et ceci principalement dans les documents écrits. La variété des pistes étymologiques proposées pour expliquer cet ethnonyme en dit long sur le caractère hypothétique de bien des informations et connaissances circulant sur les Aroumains, y compris dans les milieux érudits : *koutsos* qui veut dire « boiteux » est une étymologie possible du nom « coutsovalaque » qui pourrait être « valaque boiteux ». Pourtant *coutso-* est associé au mot turc *küçük* (« petit ») et le terme « Coutsovalaques » désigne les « petits Valaques » (Nasturel 1991 : 90-99).

A partir du milieu du 19e siècle, on rencontre sporadiquement les termes *Ελληνόβλαχοι (Grécovalaques)*, *Κουτσόβλαχοι (Coutsovalaques)* et *Ρουμανόβλαχοι* (*Roumanovalaque*s). Le terme *Ελληνόβλαχοι (Gréco-valaques)* est également usité ponctuellement pour désigner tous les Aroumains de l'État grec, un emploi parallèle à celui des termes *Gréco-bulgares* et *Gréco-albanais*. Ce terme découle d'un amalgame entre la qualité de citoyen grec et une « origine aroumaine ».

Il ne faut pas oublier les différents noms qui sont utilisés parmi les Aroumains, en leur langue, pour désigner les sous-groupes locaux qui composent leur groupe ethnique. C'est le cas des noms *Gramostiani* (du nom aroumain Gramoshta du village nommé en grec Grammos[37], qui se trouve en Grèce du Nord Ouest), appelés aussi, *Tsipi* ou *Tsipiani* ; *Moscopoliani* ou *Scoubouliani* (à partir du nom aroumain Muscopole[38] qui

---

[36] Capidan préfère en roumain le terme *aromân* et en français celui de *macédo-roumain*.

[37] *Gramoşta* en aroumain.

[38] Il s'agit de la ville connue en grec comme *Moschopolis*, l'actuel village aroumain *Voskopojë*.

se trouve en Albanie du Sud), *Zagoriani* (à partir de la région de Zagori, nom d'origine slave mais usuel en grec et en aroumain, située en Epire), *Motsiani* (qui habitent le Sud du massif du Pinde), *Veriani* (à partir du nom de la ville de Veria), *Searani* (à partir du nom de la ville de Serres) et *Bassiotsi* (à partir du nom aroumain Baïassa qui désigne l'actuel village Vovoussa (grec) qui se trouve en Grèce du Nord Ouest). Les membres des ces sous-groupes locaux ont conscience d'une unité aroumaine et emploient parallèlement le terme générique *Armîni* pour désigner le groupe ethnique plus large auquel ils appartiennent.

3. CONCLUSION

L'ethnonyme *Armîni* (Aroumains)[39] et le nom de langue *armîneşti*[40] sont prépondérants et compréhensibles par tous les Aroumains (la forme *Remeni* /rəm'əni/ « Aroumains » employée par la branche des Arvanitovalaques, constitue en effet une variante de cette forme ayant la même étymologie que le mot latin *Romani*). Cet ethnonyme n'a pas connu d'évolution sémantique, il est encore aujourd'hui utilisé avec le même sens et il reste le terme principal de l'auto-désignation des Aroumains. Le nom *Valaque*, utilisé par les voisins des Aroumains (Grecs, Albanais, Bulgares, etc.) sous des formes différentes, n'est pas repris par les Aroumains, contrairement aux Meglenoroumains et aux Istroroumains qui eux le reprennent dans leurs auto-désignations sous les formes *Vlahi* et/ou *Vlasi*.

Malgré la dispersion géographique des Aroumains entre quatre pays (le territoire habité par les Aroumains ne forme pas une unité compacte, il est constitué par un ensemble d'îlots linguistiques), ils n'emploient pas une variété d'appellations pour se désigner eux-mêmes. Les nominations *Farserotsi, Caragouni, Gramostiani, Tsipi, Tsipiani, Moscopoliani, Scoubouliani, Zagoriani, Motsiani, Veriani* et *Bassiotsi* ont une validité territoriale et désignent certains sous-groupes fondés sur des critères géographiques mais ces dénominations sont employées parallèlement à la dénomination générale *Aroumains*. Ils ont formé et forment encore un front commun en ce qui concerne leur auto-désignation. Cette dénomination, employée depuis des siècles, n'indique pas l'appartenance à une nation au sens moderne du terme mais plutôt l'appartenance à la même communauté linguistique et culturelle.

---

[39] *Armînu* en singulier.
[40] Le nom *vlaheşti* est employé de façon sporadique (p. ex. dans la région de Metsovo) pour désigner la langue aroumaine et ceci au même titre que le nom *armîneşti*.

Des dénominations savantes, employées notamment dans la langue écrite à partir du 19ᵉ siècle, comme *Κουτσόβλαχοι* (Coutsovalaques) et *Ελληνόβλαχοι* (Héllénovalaques) du grec et *Macedoromâni* (Macédoroumains) et *Aromâni* du roumain, utilisés dans le « cadre nationaliste » grec et roumain respectivement, ne sont pas repris par les locuteurs aroumains eux-mêmes.

Carte 2 : Les villages aroumains dans les Balkans du Sud (Trifon, 1993)

VILLAGES AROUMAINS AUJOURD'HUI

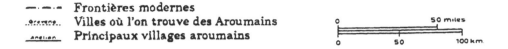

— ·— ·— Frontières modernes
····· Villes où l'on trouve des Aroumains
—— Principaux villages aroumains

0 ———————————— 50 miles
0 ———————— 50 ————— 100 km.

Le nom des langues II. Le patrimoine plurilingue de la Grèce
(sous la direction d'E. Adamou), Louvain, Peeters, BCILL 121, 2008, p. 47-69.

ARVANITIKA

Eleni Botsi
Université de Constance, Allemagne

RÉSUMÉ : *L'arvanítika est une langue peu étudiée, bien qu'elle connaisse une grande expansion dans le territoire grec et porte une signification idéologique pour l'État grec moderne. Au centre de cette étude, se trouve le processus historique de nomination de la langue et de son peuple au long de leur histoire, qui s'accomplit à travers des rencontres interculturelles entre des groupes voisins, à différentes époques. Même s'ils figurent dans les mythes nationaux de l'indépendance de la Grèce, leur particularité linguistique rend leur grécité précaire. Dépourvu d'un statut officiel et d'une politique linguistique, l'arvanítika se transmet aujourd'hui à des nouvelles générations surtout par voie orale, sous des formes linguistiques traditionnelles ou bien nouvelles, forgées par les jeunes Arvanites avec une fonction emblématique.*

1. PRÉSENTATION HISTORIQUE ET GÉOGRAPHIQUE DE L'*ARVANITIKA*[41]

L'arvanítika appartient, avec les autres dialectes albanais de la diaspora comme l'*italoalbanais* (arbërisht)[42] et le *tcham* (çam) (à l'exception de l'albanais du Kosovo), à la famille dialectale sud-albanaise, le *tosk*. L'albanais officiel, qu'on appelle le *shqip*, est la synthèse des deux dialectes albanais du sud et du nord, le *tosk* et le *gjeg*[43], le dialecte tosk

---

[41] Je voudrais remercier Lukas Tsitsipis, Evangelia Adamou, Ifigenia Moulinou et Lucette Chambard pour leur contribution à la préparation de ce chapitre.

[42] Voir Breu 1990.

[43] Les populations parlant le *gjeg* et le *tosk* ne sont qu'un ensemble de tribus, qui parlent ces dialectes (Kellner 1972 : 19). La diversité dialectale de l'albanais s'explique par la géomorphologie de la région, par la longue absence de la langue écrite et par la

étant le plus représenté (Breu 1985 : 422). Bien que l'albanais ne constitue pas un descendant direct d'une langue indoeuropéenne, il fait partie de la famille linguistique indoeuropéenne en tant que branche autonome. L'albanais appartient aussi à l'union des langues balkaniques, connue comme *Sprachbund*[44]. À travers son évolution historique, l'arvanítika a été forgé sous l'influence multiple de langues anciennes et modernes, les plus importantes étant le latin et le grec[45]. Ces deux langues sont à l'origine de la *polygenèse* de la langue albanaise (Solta 1980 : 222). D'après certains linguistes (Breu 1985), de nombreux éléments archaïques, provenant de langues anciennes mortes, pour lesquels on ne dispose pas de documents écrits, comme l'illyrien, le pélasge, le daque et le thraque (Stadtmüller 1966), survivent dans la langue albanaise et surtout dans ses dialectes. Le fait que l'arvanítika ait été moins influencé que d'autres dialectes (Breu 1990 : 169) par des langues plus récentes avec lesquelles il s'est trouvé en contact, rend son étude encore plus intéressante pour la linguistique[46].

La présence de l'arvanítika en Grèce coïncide historiquement avec les déplacements massifs des populations semi-nomades ou sédentaires[47], qui affluaient des régions de la péninsule balkanique, à la suite des guerres. Cette mobilité a été accentuée pendant la première période ottomane du Moyen Âge et elle a conduit à la création d'enclaves linguistiques et culturelles. Les échanges et les emprunts linguistiques de l'arvanítika aux divers dialectes grecs (Sasse 1985 : 46-47 ; Ölberg 1972 : 33-64), qui ont eu lieu à différentes périodes historiques et dans des régions géographiques transfrontières, témoignent d'une cohabitation étroite et longue des deux groupes (Solta 1980 : 3). Cette rencontre culturelle, qui commence déjà à la période des colonies grecques anciennes de la côte adriatique, s'étend pendant les conquêtes byzantines du territoire illyrien, pour s'achever avec l'installation de groupes albanais dans le sud de la Grèce actuelle, qu'on

---

limitation de l'usage de la langue dans la sphère privée pendant l'occupation par des étrangers (Breu 1985 : 417).

[44] Cf. Lexique, *Sprachbund*.

[45] L'influence du grec concerne surtout le domaine religieux, culturel, social et celui de la construction des bâtiments tandis que celle du latin concerne l'administration et l'armée.

[46] Breu (1985 : 416) attribue la capacité d'assimilation sans perte de la structure qui caractérise la langue albanaise et ses dialectes à des facteurs socioculturels comme la mentalité conservatrice des populations albanaises, leur tradition orale riche, l'urbanisation limitée, l'isolement dans leurs résidences montagnardes et leur organisation sociale archaïque.

[47] Les déplacements des nomades sont connus sous le nom *transhumance*, le changement constant de résidence par les éleveurs nomades vers des pâturages lointains.

appelle des Arvanites, sans négliger naturellement la nouvelle immigration albanaise du 20ᵉ siècle[48].

La vague migratoire des Albanais du Moyen Âge la plus importante aboutit à leur installation au sud de la Grèce actuelle. Elle est liée à trois événements historiques (Ducelier 1968, 1994) :

a) la conquête de l'Épire et de la Thessalie par le roi serbe Stephan Dušan (1348) que les Albanais ont suivi ;

b) l'occupation des territoires byzantins par les Ottomans, pendant laquelle les Albanais ont été invités officiellement par l'empereur Théodore Paléologue A' (1407) pour répondre aux besoins de colonisation et de renforcement militaire de l'empire[49] ;

c) la mort du leader albanais Georges Kastriot Skanderberg (1443-1468) après la conquête de la forteresse de Kroja, d'où les Albanais se sont enfuis en Grèce et en Italie.

Leur organisation sociale flexible, la menace commune ottomane et le savoir-faire guerrier des nomades-éleveurs, sont des facteurs qui ont conduit les forces dominantes de l'époque[50] à considérer les Albanais comme des alliés, établissant de cette façon d'étroites liaisons avec les chefs de tribus. Pourtant l'errance permanente et l'alternance des forces dominantes ont désorienté les immigrants, en les conduisant à ce qu'on a appelé « le nomadisme de la misère » (Ducelier 1994 : 35-36). C'est pourquoi le besoin de protection du groupe, et sa soumission à un seigneur puissant, sont devenus impératifs et ont conduit à l'installation permanente qui s'est achevée au long des 17ᵉ et 18ᵉ siècles (Sasse 1985 : 37-95). Depuis lors, il n'y a pas eu de changements démographiques importants sur le territoire albanophone de la Grèce, à l'exception de l'exode rural des années 1960-1970 et de l'immigration albanaise actuelle.

---

[48] L'immigration albanaise de la dernière décennie du 20ᵉ siècle fait partie du débat sur l'identité et est perçue d'une façon différente par des indigènes Arvanites d'un côté et des immigrés eux-mêmes de l'autre. Les premiers la perçoivent comme une nouvelle expérience pour la Grèce alors que les seconds la voient comme une répétition de leur histoire.

[49] Les toponymes des villages arvanites témoignent de la structure sociale et de la fonction militaire des colons dans ce temps : les uns portent des noms de chefs de tribus, fondateurs des villages (Spata, Mazi), les autres désignent les postes de garde situés aux passages des routes ottomanes, où se sont fondés les villages arvanites (Dhervenia, Dhervenochoria, Vilia).

[50] Dans ces forces on inclut également tant les seigneurs byzantins, qui ont procédé à des épigamies, que les Vénitiens, les Catalans et plus tard les Ottomans. Des albanais islamisés ont poursuivi une carrière militaire dans les cours des pachas ottomans, le plus fameux d'entre eux a été Ali Pacha Tepenli.

Carte 3 : L'immigration des Albanais en Grèce (Jochalas, 1971)

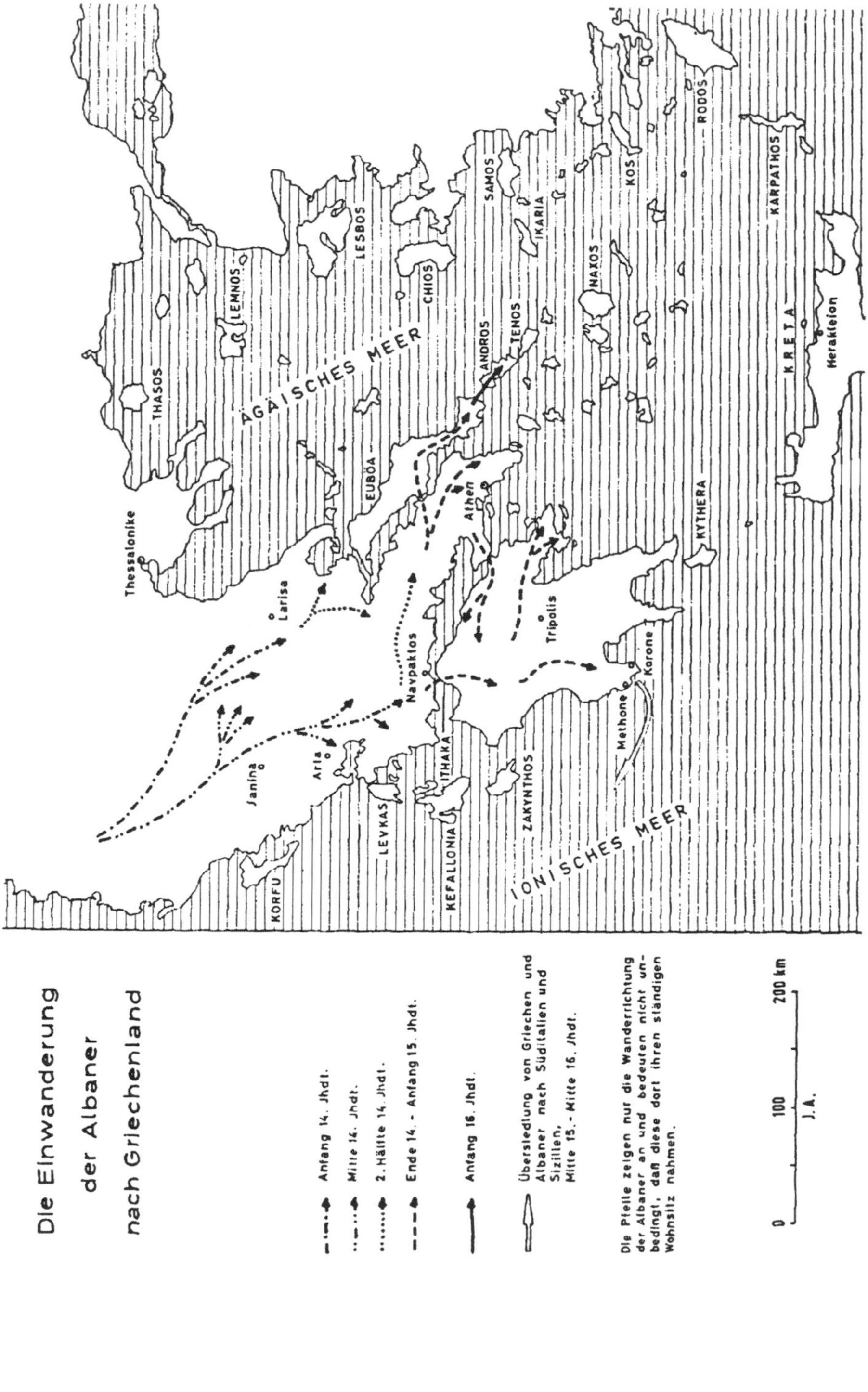

2. Ethnonymes et débats idéologiques

L'ethnonyme *albanais* est considéré comme l'hellénisation du terme ancien *Arvanítis* en *Alvanítis* et *Alvanós*, dénommés ainsi par les chroniqueurs byzantins. Il s'agit d'un terme, paru pour la première fois dans l'œuvre du géographe Ptolémée, au 2ᵉ siècle après Jésus-Christ, qui a été repris par les historiens du Moyen-Âge[51]. Cette appellation proviendrait de l'ancien toponyme grec *Árvanon* et *Alvanópolis*, localité située dans le nord-ouest de la ville actuelle de Vallonna et considérée comme le berceau des anciens Albanais. Les deux noms de cette ville, cités aussi chez Ptolémaeus, sont synonymes et proviennent d'une adaptation grecque des toponymes *Arben* ou *Arber* (en dialecte *gjeg* et *tosk* respectivement)[52]. La région géographique en question avait formé une province romaine puis byzantine, qui était connue sous les noms d'*Illyria* et d'*Epirus nova*. Les diverses appellations, parues dans les sources historiques du Moyen-Âge, concernant le nom ethnique des Albanais, comme *A(l)rvanites, Albanesen, Arvonite*[53], *Alvanoi, Albanoi, Albanitai, Arbanitai, Arbanenses, Albanenses* (lat.), *Arbanasi* (slaw.), et *Arnaut* (turk.), sont des adaptations à la langue des chroniqueurs de chaque époque, alors que l'État actuel d'Albanie emploie le terme usuel depuis le 15ᵉ siècle, le nom *Squipëria*, et *Squipëtar* pour son peuple (Poulos 1950 : 31-96). Ces appellations, puisque adoptées après l'exode albanais du Moyen-Âge vers la Grèce et l'Italie, sont restées inconnues chez les communautés linguistiques arvanites et arbëresh jusqu'à l'immigration actuelle de l'Albanie vers ces pays-là (Breu 1985 : 417).

Les ethnonymes et les glottonymes, loin d'être des significations neutres, représentent « eux-mêmes des symboles de revendication identitaire et c'est pourquoi ils sont des points conflictuels » (Trubeta 1999 : 10), tant pour les membres des communautés que pour les autres, surtout si leurs contenus se modifient pendant les différentes époques. Par exemple, sous l'Empire ottoman le terme *Arvanitádhes / l'Arvanitiá* (« les Arvanites qui ont afflué au pays ») se référait indifféremment à tous les Albanais (chrétiens et musulmans). Depuis la révolution contre le pouvoir turc-ottoman en 1821, le même terme (*Arvanítis*) se réfère exclusivement aux Albanais chrétiens, citoyens de la Grèce. Ici font exception les *Çames*

---

[51] Les plus importants parmi eux sont : Michail Attaliatis, Ioannis Skylitsis (1081), Nikiforos Vryennios (1062-1137), Anna Komnini (1085-1137), Georgios Akropolitis (1217-1282), Ephrem (1313), Ioannis Kandakuzinos (1341-1355), Dukas (1341-1462), Georgios Frantzis (1446) et Sholarios (1468). Voir Furikis 1931 : 3-11.

[52] Biris 1960 : 18. Selon une autre opinion, l'origine du mot est rattachée au préfixe latin *alb-* qui signifie blanc.

[53] Biris 1960, 18tt., Furikis 1931 : 3-37 et Vranussi 1970 : 207 tt.

de l'Épire, même si cette distinction représente plutôt le point de vue de l'État grec que celui des locuteurs Arvanites eux-mêmes[54]. Les Çames sont des albanophones chrétiens et musulmans qui ont résidé depuis le Moyen-Âge sur les côtes de l'Épire, dans la région de *Çamouria* de laquelle ils tiennent leur nom. Là ils ont vécu aux côtés des Grecs, des Aroumains et plus tard des Turcs. Bien qu'ils furent exemptés des échanges de populations du Traité de Lausanne en 1923 entre la Grèce et la Turquie, ils ont été obligés de quitter la Grèce en 1944 pour avoir collaboré pendant la guerre avec les forces de l'Axe et les autorités albanaises. Ces prises de position, interprétées comme signe d'une conscience nationale albanaise, ont distingué les Çames des Arvanites (Kretsi 2003 ; Clewing 2004).

La distinction terminologique entre les Albanais – citoyens de l'État actuel d'Albanie – et les Arvanites – albanophones chrétiens de la Grèce – reste constante jusqu'à nos jours, tant dans le vernaculaire grec que dans la bibliographie internationale et correspond aussi à la définition employée par les membres des communautés linguistiques (Breu 1985 ; Sasse 1991). En ce qui concerne le nom de la langue, le terme archaïque *arbërist*, dérivant de l'ancien toponyme *Arben*, tend à disparaître dans le parler local, surtout chez les nouvelles générations. Lorsque les locuteurs s'expriment en grec ils emploient le pluriel-neutre *arvanítika* et lorsqu'ils s'expriment en arvanite ils emploient le terme *arvaníte*, fondé sur la racine du mot grec mais adapté aux habitudes grammaticales de leur langue, à savoir au singulier[55]. Le processus de l'hellénisation du nom de la langue témoigne de la hiérarchisation des langues du répertoire des locuteurs mêmes.

Les dissonances concernant la signification des ethnonymes établis entre les différentes régions et moments historiques conduisent à des confusions et à des malentendus à propos de l'identification des groupes ethniques, qui en prennent conscience lorsqu'ils sont en contact. Un tel exemple nous est donné dans l'interaction quotidienne entre les Arvanites et les nouveaux immigrés Albanais de la dernière décennie en Grèce, pendant laquelle l'usage des ethnonymes d'une façon différente conduit à des désagréments et des conflits. La communauté scientifique ne peut pas échapper au défi de choisir l'une parmi les différentes variantes, qui sont souvent liées à des discours idéologiques et politiques. Un regard plus

---

[54] Un Arvanite dans la région du Sud de la Grèce nous a affirmé qu'il a rencontré un « Arvanite » à la région de Paramithia au Nord du pays, où habitent les Çames, avec qui il pouvait parler la même langue.

[55] *Aj isht alvanó / Jemi arvaníte / di arvaníte* ? (« il est Albanais » / « on est des Arvanites / parles-tu arvanítika ? »). La désignation des langues comme substantives en grec est toujours au pluriel neutre (*ta arvanítika*) alors qu'en langue arvanite c'était au singulier.

profond sur les nominations ethniques utilisées dans la bibliographie arvanite permet de distinguer divers schémas identitaires plus ou moins « hybrides » (Young 1995 ; Steffen 2000) ou « puristes » (« les Gréco-Albanais », « le dialecte grécoalbanais », « les grecs Arvanites », « les Doriens de l'Hellénisme contemporain », « les Albanais de la Grèce », « l'albanais parlé en Grèce », « les albanophones de la Grèce », « le territoire arvanitophone » etc.).

3. QU'EST-CE L'*ARVANITIKA* ? GÉNÉALOGIES LINGUISTIQUES ET PARENTÉS CULTURELLES DANS LE DISCOURS QUOTIDIEN

Comme on l'a déjà souligné ci-dessus, le processus de la construction de l'identité d'un groupe est complexe, puisque la valeur identitaire des différentes caractéristiques collectives comme la religion, la langue ou l'origine locale, se modifie selon les conditions historiques et le contexte social. Dans le processus de définition des groupes historiques, ont participé, à côté des donneurs de noms officiels tels que les historiens et les scientifiques, l'état et le clergé, les acteurs sociaux eux-mêmes. Pour les Arvanites d'aujourd'hui, qui vivent dans un environnement chrétien grécophone, c'est la langue qui devient le point le plus marquant de leur identité. La manière avec laquelle les membres des communautés linguistiques perçoivent et classifient leur langue dans un univers plurilingue, reflète l'idée qu'ils se font de soi et des « autres signifiants » culturels. Ces généalogies linguistiques[56] résultent de classifications et des parentés culturelles qui renvoient à un système d'ethnotaxonomies[57] propre à chaque communauté linguistique.

Les formations identitaires ne se réalisent pas seulement dans un contexte historique large, mais aussi dans un contexte social local. L'analyse du discours quotidien des locuteurs Arvanites nous montre que l'arvanítika possède aujourd'hui un potentiel identitaire multicontextuel qui comprend :

  a) le contexte intracommunautaire entre les différents groupes sociaux,
  b) le contexte grécophone urbain,

---

[56] Par le terme « généalogies linguistiques » je désigne le système local, justifié et fondé sur des mythes et des « ethnocatégories », qui explique l'origine et la parenté de la langue propre avec celles d'autres groupes ethniques.

[57] L'analyse de la carte cognitive et les ethnotaxonomies d'un peuple, constituent aujourd'hui le sujet d'analyse principale de l'anthropologie cognitive. Voir Frake 1973 : 323-337.

c) le contexte régional arvanitophone de la province agricole,
d) le contexte interculturel avec les immigrants albanais.

a) Loin d'être uniformes, les classifications culturelles et les significations attribuées par les natifs à leur langue, ainsi que leurs références explicites à elle, se différencient fortement au sein du même village selon le niveau d'éducation et la position sociale des individus. Pour les locuteurs les plus âgés, qui ont reçu une socialisation traditionnelle et moins nationaliste, les termes *arvanítika* et *Arvanítis* portent une référence géographique et désignent une identité locale: « *Tous ici à Vilia, Mandra, Kriekouki, on est des Arvanites, les diables de la montagne* », comme ils disent. Dans le même sens, les termes arvanites *sklirist* et *sklir / sklira* signifient à la fois la langue grecque, mais aussi le parler « aristocrate », le « monsieur » et la « madame », l'habitant de ville, l'athénien. Il s'agit ici d'attributs plutôt de statut social que d'appartenance ethnique, étant donné qu'ils se réfèrent aussi à des élites Arvanites locales et à leur noble parler arvanite (Tsitsipis 1981). Au contraire, les mêmes termes dans le discours des locuteurs d'un niveau éducatif et social plus élevé, possèdent une connotation ethnopolitique qui essaie de répondre au discours nationaliste grec.

Si on voulait reconstituer une conversation arvanite typique entre des locuteurs quotidiens plus âgés provenant des classes agricoles, on devrait y inclure des autobiographies et des histoires locales des bergers sur les montagnes, les aventures des hommes pendant la deuxième guerre mondiale contre l'Italie en Albanie et pendant la guerre civile contre les partisans grecs, mais aussi des rencontres avec d'autres Arvanites des régions lointaines de la Grèce et de l'Italie du Sud. Il est intéressant que, tous les récits arvanites ordinaires soulignent, à un niveau biographique, l'utilité de la langue ancestrale qui, quoique méprisée par les jeunes, « leur a sauvé la vie » :

A. « *Ceux qui ne le parlaient pas, étaient jaloux de nous, ils sont morts de faim. Ils leur disaient (aux Albanais) « keni një çik faj ? » « Avez-vous quelque chose pour manger ? » et ils disaient « s`kemi » (« nous n'en avons pas »), il n'y a rien. Alors qu'à nous (les Arvanites), ils nous ont donné quelque chose* ».
B. « *Quand j'étais en Albanie on a demandé « qui parle leur langue » la langue des Albanais et j'ai dit « moi, monsieur le capitaine ». Un d'entre eux disait « u jam zoriko » (« je suis zoriko »). Moi je savais que zorikos (gr.) veut dire dur mais celui là était malade. Et le capitaine me demande*

« *qu'est-ce qu'il dit ?* » *et je lui dis* « *il dit qu'il est dur* ». *Et il a dit*
« *quoi ? Il est dur ?* » *et on l'a battu jusqu'à la mort* ».

En revanche, les discussions entre lettrés Arvanites ont un caractère
moins personnel et plus théorique, plus abstrait, avec une intention
idéologique et politique. Le répertoire narratif de cette catégorie sociale
comprend des références à l'histoire officielle nationale, telle qu'elle est
enseignée dans l'éducation scolaire, avec comme sujet le plus fréquent les
événements de la révolution de 1821. La participation des Arvanites au
plus grand moment de l'histoire grecque, pendant la lutte contre les Turcs-
Ottomans, et par ailleurs la proximité de la langue arvanite au grec ancien
selon certaines théories, soulignent le besoin qu'ont ces catégories sociales
qui participent à la vie urbaine, de légitimer l'arvanítika et ses locuteurs,
d'un point de vue académique, en répondant de cette façon aux
contestations de l'opinion publique grecque, concernant leur grécité :

« *N'oublie pas que la langue arvanite a plusieurs mots d'Homère.*
C'est un hasard ? Le mot re, rea, que nous appelons le nuage. Pour les
Grecs les nuages étaient des divinités. L'Arvanite dit le même mot. [...].
Zeus zien, « *zienjë* » *(arv. bouillir),* « *zie faja* » *(arv. Faire bouillir le*
repas). Alors « *Zien kljumësë* » *(arv. Faire bouillir le lait), le bouilli, le*
chaud s'appelle en grec ancien zeon [...]. *Il y a du dieu Zeus.* [...]. *Pour*
ceux qui parlent bien l'arvanítika – pas l'albanais- ce sont deux choses
différentes. Les Arvanites ont préservé la langue originelle comme elle était
parlée il y a mille ans quand ils sont descendus en Grèce [...]. *D'ailleurs*
cette langue s'écrivait en grec. L'écriture latine a été adoptée plus tard par
ceux-ci (les Albanais). C'est-à-dire qu'ils ont construit leurs sens, leurs
idées avec l'alphabet grec ».

Bien qu'au niveau explicite, pendant les discussions animées sur la
langue, les natifs Arvanites articulent un discours polémique et un
patriotisme linguistique, même s'ils tirent la légitimité de leur langue de
l'antiquité grecque, une situation différente caractérise le niveau implicite
de leur communication. Dans les discussions quotidiennes, on évite de citer
le terme « arvanítika », en recourant aux stratégies d'omission qui
s'expriment à travers des ellipses, comme par exemple « il ne le connaît
pas », « il ne le parle pas », « tu le comprends ? » (gr. *dhen ta xeri*, arv. *nuk*
e di, gr. *dhen ta milai*, gr. *ta katalavenis* ?) (Tsitsipis 2003). L'estimation,
souvent arbitraire, de l'ignorance de la langue de la part du partenaire, a
comme résultat l'annulation de la discussion. Si on voulait interpréter
l'omission du nom de la langue, on devrait prendre en compte l'idéologie

linguistique[58] établie chez les communautés arvanites. Pour la plupart des locuteurs arvanites il s'agit plutôt d'un code local acquis seulement par les initiés avec une fonction exclusivement interne que d'une langue « comme les autres », même si cette attitude tend à se renverser avec l'ouverture du contexte local, qu'a provoqué l'immigration albanaise :

« *D'ailleurs, je n'ai jamais considéré cette langue comme les autres. Je pensais que c'était comme chez d'autres peuples qui ont une langue locale qu'ils utilisent comme une langue seconde, mais qui n'existe nulle part ailleurs, qui est seulement pour une utilisation interne. Ce n'est que depuis que les Albanais sont venus, que j'ai compris que cette langue a une utilisation plus générale* ».

b) En ce qui concerne le contexte grécophone urbain, on remarque ici une tendance d'essentialisation et d'ethnisation (Trubeta 1999) du côté de la société grecque majoritaire concernant la langue arvanite, qui se trouve en divergence avec les conceptions linguistiques des communautés arvanites : alors que les locuteurs grécophones voient en l'arvanítika une langue uniforme, provinciale, incompréhensible et étrange, comme le montrent des expressions grecques stéréotypées (« tout est arvanítika », « ne me parle pas en arvanitika = ne me parle pas dans une langue incompréhensible »), les Arvanites natifs opèrent des différentiations assez subtiles et raffinées entre les diverses variétés locales, aux niveaux phonétique, lexical, grammatical et sémantique. Ces sous-catégories dialectales se fondent sur des critères sociaux, géographiques, historiques et institutionnels et se répartissent entre des régions montagnardes, insulaires, de plaine, urbaines ou provinciales.

c) Ma recherche dans une région montagnarde du sud-ouest de l'Attique[59], montre que les habitants qualifient l'arvanítika parlé dans les régions urbaines (Mandra, Eleusis) et sur les îles (Salamis) comme plus « raffiné » et « noble » que le leur propre qui est plus « lourd » et « grossier ». Pourtant, l'arvanítika de leur résidence est estimé comme moins « lourd » par rapport à celui des autres villages voisins de la plaine du côté de l'ouest (région de Thèbes, Dhervenochoria, Kriekouki, etc.). Considérer certains dialectes comme plus « lourds » ou « grossiers » par

---

[58] Silverstein (1979 : 193) définit la notion de l'*idéologie linguistique* comme "any sets of beliefs about language articulated by the users as a rationalization or justification of perceived language structure and use".

[59] Les données empiriques citées dans ce texte sont les résultats d'une recherche sur place, effectuée pendant les années 1995-2000 dans le cadre de ma thèse de doctorat (Botsi 2004).

rapport aux autres, est nommé par les linguistes *ping-pong attitude*, selon laquelle la forme « lourde » se réfère au langage « incompréhensible » et « paysan », qui est toujours parlé par les autres, porteurs d'un statut social inférieur (Tsitsipis 1983). Il devient clair que, les représentations linguistiques des locuteurs reflètent leurs préjugés sociaux et les images qu'ils se font de leur communauté et de celle des autres, sur lesquels ils construisent des parentés culturelles et des identités locales.

d) En ce qui concerne le contexte interculturel on observe chez les immigrants d'Albanie le même besoin de s'approprier une « partie » de grécité, en essayant de s'intégrer et de se faire accepter par la société grecque (Alexakis 2006). L'effort de prouver la participation à la civilisation grecque s'exprime à travers une religiosité démonstrative, la connaissance satisfaisante de la langue grecque et la propagation des théories qui soulignent une origine commune entre les Grecs et les Albanais. Dans la course pour la revendication du représentant légitime de la civilisation grecque participent notamment les immigrants d'origine grecque de l'Albanie, qui essaient de tirer des profits de leur origine grecque, documentée et incontestablement conçue comme continue[60].

Il est intéressant que l'attitude « ping-pong » soit appliquée aussi dans la communication entre les nouveaux immigrés albanais et les locuteurs locaux, pendant les comparaisons linguistiques mutuelles, qui ont lieu quotidiennement. Les désignations d'une langue comme « lourde », « rurale », « archaïque », « pure », « juste », « authentique », « bâtarde », « plus près ou plus lointain du grec ou du latin » sont attribuées par les deux groupes se référant à la langue de l'autre, comme le montrent les exemples suivants :

- (gr.) Albanaise installée dans le village arvanite : *ta dhika sas ine ta horiatika pu milagan prin exakosa hronia* « Votre langage est celui des paysans, qu'on parlait, il y a six cents ans » ;
- Albanaise, mariée avec un Arvanite (arv.) : *Ky ka pastruar arvanitasin e fljet si shqipetar* « Il a épuré l'arvanítika et il parle comme un Albanais » ;
- Vieille femme arvanite (gr.) : *Dhen tus katalaveno. Ta dhika tus ine pio varia ke pio horiatika* « Je ne les comprends pas. Leur langage est plus lourd et paysan » ;

---

[60] La minorité grecque de l'Albanie a participé au même processus d'isolement que la minorité des Çames pendant la définition des frontières greco-albanaises en 1913. Voir Tsitselikis, Christopoulos 2003.

- Groupe d'hommes âgés dans un café (gr.) : *Afu ehume kani tetrakosia hronia sklavia edho imastan me tus Alvanus, ala tora ta hune kani- ta lene ligo dhiaforetika* « Puisque on était des esclaves [des Turcs] pour quatre cents ans, on était ici avec les Albanais, mais actuellement ils le parlent d'une façon un peu différente ».

Les généalogies linguistiques se construisent aussi sur des critères religieux et géographiques. Les habitants du même village classifient leur arvanítika comme étant plus proche, bien que différent des variétés parlées par les Albanais orthodoxes du sud et par les membres de la minorité d'origine grecque, par opposition à la variété « lourde » et « incompréhensible » des Albanais du nord et de la région du Kosovo qui sont dans la plupart des musulmans et des catholiques, comme on le remarque dans le dialogue suivant entre des natifs :

A : (gr.) *Tus akuga pu milagane. Sketa arvanítika. Me piasan ta gelia. Opos palia. Itan mia psili, kaloftiagmeni ke ta milage! Elege « <u>Ashtu dua e do vinjë</u> ». Kata arvanítika ta legane.* « Je les entendais parler. C'était vraiment arvanítika. Je me suis mis à rire. C'était comme dans le passé. C'était une grande femme bien faite et elle le parlait! Elle disait « <u>Ashtu dua e do vinjë</u> ». C'était le vrai arvanítika ».

B : *Eno ali Alvani ta milane pio varia.*

« Alors que les autres Albanais parlent la langue avec un accent plus lourd ».

A : *Afti apo ta vathi tis Alvanias. Ala aftus edo tus katalavena. Ehis akusi pu tus parastenun? Ine ena pedhaki ke lei tis manas tu. « <u>Mami, mami, do vinjë bashkë</u> » ((Hahaha)). To mami mami!*

« Oui, ceux qui viennent de l'intérieur du pays. Cependant, ceux-ci, je les comprenais. Est-ce que tu as entendu comment on les imite? C'est un enfant qui dit à sa mère. « <u>Mami, mami, do vinjë bashkë</u> » ((des rires)). Le mami [reste] mami! »

B : *Adi na pi <u>mëmë</u>.*

« Au lieu de dire <u>mëmë</u> ».

A : *Ohi, bori na to lene mami afti.*

« Non, peut-être eux, ils disent mami ».

Les stéréotypes sociaux, accompagnés des stéréotypes vocaux, sous-tendent le mécanisme de reconnaissance et de définition de l'altérité (Kotthoff 1995 : 12, 28). L'analogie des motifs idéologiques remarquée et la reproduction de ces images recourent à des normes culturelles balkaniques communes, sur lesquelles se sont fondées les identités ethniques dans le passé. Ces normes s'expriment à travers l'ancienne confrontation entre les valeurs rivales bipolaires, attribuées à soi et à autrui (urbain et civilisé vs rural et provincial, indigène vs allogène, authentique vs fautif, originel vs falsifié ou bâtard, appartenant à la même confession ou à une autre). Dans le même sens, la langue authentique est celle qui peut prouver sa parenté avec une langue ancienne, considérée comme autochtone, dont la langue actuelle tire sa puissance légitime. Ces thèses sont illustrées par les ethnothéories populaires, répandues dans la péninsule balkanique, qui affirment la parenté des langues avec le pélasge, l'illyrien et le grec ancien, prétendant en même temps à une justification scientifique (Kollias 1985).

4. LA RÉPARTITION GÉOGRAPHIQUE

Il est presque impossible de calculer le nombre et l'évolution démographique des populations d'origine arvanite dans une perspective diachronique. Les seuls recensements officiels grecs, qui prévoyaient des questions facultatives concernant la langue maternelle et la religion, étaient ceux de 1928 et deux décennies plus tard, ceux de 1951. Selon le premier recensement, il y avait 18 773 « citoyens grecs albanophones »[61], tandis que selon le second il y en avait 22 736, correspondant à 0,35% de la population totale[62]. Ces chiffres ne sont néanmoins pas fiables, étant donné les circonstances politiques de l'époque[63]. Entre-temps diverses estimations ont été effectuées, dont le résultat est influencé par les convictions idéologiques des évaluateurs ; la partie de la population d'origine arvanite atteindrait selon certains estimations les 10 000 (Schukalla 1993 : 523), tandis que d'autres, plus généreuses, parlent d'un quart de million en tenant compte de la population devenue monolingue grecque (Sasse 1985 : 40). Le linguiste d'origine arvanite Furikis (1934 : 51), ayant vécu pendant la

---

[61] *La Grèce actuelle*, Éditions de la Direction de la Presse au Ministère des Affaires Étrangères, Athènes, 1933 : 9.

[62] Le refus de l'état grec d'admettre un espace public pour les citoyens hétéroglottes et les hétérodoxes montre « la relation problématique de l'état avec ses minorités, dont les seules officiellement reconnues avec un statut minoritaire et des droits d'administration autonome selon le contrat de paix de Lausanne (24.7.1923), sont les hébreux et les musulmans (avant tout les Turcs, les Pomacs et les Roma musulmans) », Schukalla 1993. Voir aussi Grimes 1984 : 316-317.

[63] L'omission dans les questionnaires des recensements de la compétence linguistique des citoyens d'une part et le choix de la garder sous silence a conduit à ces résultats. Voir Panagiotopulos 1985.

première moitié du 20e siècle, parle de 70 000 locuteurs de la langue
« grécoalbanaise » seulement dans la région de l'Attique, tandis que, selon
Trudgill et Tzavaras, les arvanitophones des régions d'Attique et de Béotie
atteindraient 140 000[64]. Des études plus récentes (Sasse 1985, 1991)
comptent 300 communautés sur le territoire linguistique arvanitophone et
50 000 locuteurs dans tout le territoire grec. Enfin, l'Union Fédérale des
Nationalités Européennes estime qu'il y a environ 95 000 « Albanais de la
Grèce »[65]. L'importante incertitude concernant le nombre exact de la
population, en combinaison avec leur statut social précaire, a fait des
Arvanites une « nation obscure ».

En ce qui concerne la répartition géographique, la population arvanite
la plus dense habite au sud de la Grèce, en particulier dans les régions
périphériques des agglomérations d'Attique, Béotie, Phtiotide, Locride,
Argolide, Corinthe, Achaïe, Trifilie, Laconie, ainsi que dans certaines îles
du golfe Saronique et de la mer Egée (Andros, Salamis, Agkistri, Spétsès,
Poros, etc.) cf. Pashalidis 1934 ; Sasse 1991 : 4. Selon des documents
historiques, les Arvantites comptaient parmi les premiers habitants
d'Athènes et de sa périphérie. Jusqu'à la fin du 19e siècle ils ont habité dans
une partie du centre d'Athènes, à Plaka, ainsi que dans certaines banlieues
(Maroussi, Xalandri, Kifissia, Menidi etc.) cf. Muzakis 1994 : 118.

Bien que l'arvanítika présente une grande homogénéité dialectale, des
différences sont repérées et enregistrées par les linguistes, tant entre
l'arvanítika du sud et du nord de la Grèce que parmi les différentes régions
du sud ; même si ces différences sont moins frappantes, elles rejoignent les
attitudes des locuteurs (Furikis 1934 : 51). Selon Furikis, l'arvanítika
d'Attique se repartit en deux catégories : le sous-dialecte du nord-ouest de
la région, qui comprend les villages de Kriekouki jusqu'à Marathon et celui
du sud-est qui est parlé à l'est du mont Hymette jusqu'à Laurion (Furikis
1934 : 50-53). Le linguiste allemand Sasse, qui a étudié l'arvanítika de la
région de Mésogée, en Attique, a distingué trois zones dialectales, qui
entourent les centres urbains :

a) le dialecte de l'Attique ouest (WA) ;
b) celui de l'Attique sud-est (SOA) ;
c) celui de la zone nord-est de l'Attique et de la Béotie (NOAB). Dans
l'étendue de la Béotie, il repère deux sous-dialectes : celui de la zone
béotienne centrale, autour de la ville de Thèbes (WB) et celui de la zone

---

[64] Trudgill, Tzavaras 1977 : 172. Voir aussi Trudgill 1983 : 128 ;
http://www.greekhelsinki.gr/english/reports/arvanites.html
[65] Minority Rights Group 1991 : 189.

béotienne ouest, autour de la ville de Levadhia. En ce qui concerne la péninsule du Péloponnèse, il cite aussi deux zones dialectales : celle du nord-est du Péloponnèse autour de la ville de Corinthe (NOP) et celle du nord-ouest de la ville de Patras[66].

Carte 4 : Les dialectes d'arvanítika du sud de la Grèce : Sasse (1991).

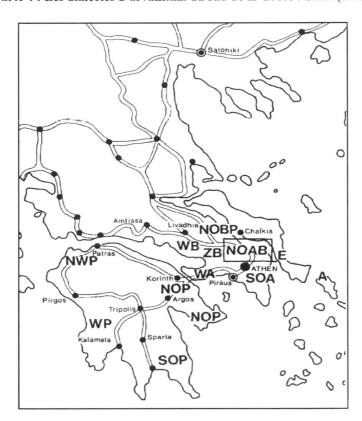

Les Arvanites du nord de la Grèce, enfin, sont classés par les linguistes en trois catégories :

a) les Arvanites d'Épire (la région de Thesprotie et de Préveza) ;
b) les Arvanites de Florina et de Konitsa (les villages Flambouro, Dhrosopigi, Lechovo) ;

---

[66] Selon la carte dialectologique de Sasse (1991 : 15-17) le sous-dialecte, parlé à Vilia se place dans la zone d'Attique de l'ouest (WA), entre la ville de *Lutraki* et le mont *Parnes*.

c) les Arvanites de Thrace (Ebirikos, Moraitis 2002 : 13-18).

Bien que les études sur les communautés arvanites et les variantes dialectales du nord de la Grèce soient limitées et moins détaillées que celles concernant l'arvanítika du sud, il est évident que les Arvanites du Nord se différencient des autres arvanitophones, du point de vue linguistique et culturel pour des raisons historiques et géographiques. L'immigration des Arvanites du nord de la Grèce fut plus tardive et leur installation s'est réalisée dans des régions situées près des frontières gréco-albanaises. Encore plus étroits étaient les échanges et relations transfrontaliers chez les Arvanites de Thrace. Les déplacements à travers les frontières de la Turquie, de la Bulgarie et de la Grèce ont conduit à la coexistence de ces populations avec des allophones dans un univers multiculturel très étroit. Cet environnement hétérogène a eu pour conséquence de forger une identité arvanite, qui est évaluée de façon positive par opposition à celle des habitants arvanites du sud du pays, avec qui ils partagent, pourtant, la même insistance sur l'éducation classique grecque et la religion orthodoxe.

5. LA SITUATION SOCIOLINGUISTIQUE

L'intégration des populations albanophones à la société grecque moderne et à la culture dominante, qui a été accompagnée, dans la plupart des cas, d'une assimilation linguistique totale (Haarmann 1979), a eu lieu en deux phases historiques : après la fondation du premier royaume grec en 1830 et après la Seconde Guerre Mondiale, avec les changements socioéconomiques qui l'ont accompagnée (extension de l'enseignement national obligatoire, homogénéité linguistique, urbanisation, industrialisation, contrôle plus ou moins ouvert du comportement linguistique) (Sasse 1985). La première période coïncide avec la révolution grecque contre la domination de l'Empire ottoman et la fondation de l'État grec. Même si la lutte de libération contre les Turcs-Ottomans a soudé encore plus les deux groupes chrétiens, les Grecs et les Arvanites, cette guerre était, en même temps, une victoire culturelle du groupe grécophone sur tous les autres groupes chrétiens allophones du rum millet, qui habitaient le même territoire. La narration nationale historique a, par conséquent, incorporé les combattants Arvanites dans les légendes inspirées de l'antiquité classique, de sorte que les fameux guerriers de Souli, connus par leurs batailles héroïques, étaient comparés à des personnages mythiques de l'Antiquité. C'est ainsi que la mission nationale des combattants et sa signification symbolique n'ont pas été définies par les protagonistes eux-mêmes, mais plutôt par une élite de Grecs savants (Filias

1983). La position et le statut social réservés aux populations allophones pendant les années qui ont suivi la révolution, reposent sur la façon dont s'est formée l'idéologie nationale du nouvel État grec, qui venait d'émerger au début du 19ᵉ siècle (Skopetea 1988). La formation de l'identité nationale en Grèce s'est déroulée sous l'influence du courant romantique qui dominait en Europe et revendiquait une continuité ininterrompue de l'Antiquité jusqu'à l'époque actuelle. La contestation de cette continuité, tellement désirée par les intellectuels européens et grecs, qui s'est exprimée d'une manière radicale dans l'œuvre de l'historien allemand Fallmereyer[67], a provoqué des réactions négatives vis-à-vis des Arvantites, à cause de leur langue (Veloudis 1970 : 43-90). Diverses lois sur l'éducation, votées vers la fin du 19ᵉ siècle, ont contribué à la propagation de la langue grecque et à la diffusion de l'idée de la pureté raciale des Grecs. De cette façon, des enseignants des écoles dans des régions arvanitophones qui étaient au début disposés à apprendre l'arvanítika pour pouvoir répondre aux besoins communicatifs des habitants pendant la première partie du 19ᵉ siècle, se sont dévoués finalement à la diffusion de l'idéal classique grec, en méprisant en même temps la langue arvanite comme tout élément et pratique culturelle pouvant le remettre en doute[68].

Le principe « un État, une langue, une religion » a été suivi de façon systématique, tant par le clergé que par la bourgeoisie, qui considéraient l'arvanítika comme une langue barbare (Tsitsipis 1981 : 85 ; Kazazis 1976 : 42-51). Cette attitude, qui a été adoptée par les locuteurs eux mêmes (à l'exception de quelques intellectuels natifs et des activistes, dont l'influence était limitée), a conduit à l'abandon étonnement rapide de la langue, par rapport à d'autres langues en voie de disparition[69]. Ce changement linguistique est attesté par des témoignages oraux et des histoires sur les malentendus et les problèmes communicatifs. Ceux-ci mentionnent que, jusqu'à la fin du 19ᵉ siècle, le bilinguisme ordinaire, autrement dit la maîtrise de la langue grecque, chez les femmes arvanites au moins, était un cas exceptionnel, alors que l'intervention d'un compatriote bilingue devant les autorités grecques (tribunal, hôpitaux, cabinet de notaire etc.) n'était pas du tout rare (Sasse 1985 : 42).

Le changement linguistique et le passage de l'arvanítika de langue première à langue seconde par rapport au grec, ne se sont pas réalisés simultanément partout : en Attique du sud, en particulier dans la plaine de Mésogée (Markopoulo, Kalivia, Koropi, Kouvara, Keratea, Laurion,

---

[67] Fallmereyer 1857. On parle du « complexe Fallmereyer ». Voir Sasse 1985 : 44.

[68] Les lois concernant l'enseignement, Petridis 1896, Sasse 1985 : 42.

[69] Concernant le terme *mort linguistique*, voir Dorian 1981.

Kamariza, Anavissos etc.), et sur la péninsule du Péloponnèse, le changement linguistique a eu lieu dès la fin du 19e siècle et tout au long du 20e siècle. Les changements sociaux radicaux, à partir des années 1960, ont eu pour conséquence l'effacement des derniers locuteurs de l'arvanítika[70] dans une région de 20-40 Km autour de la capitale, qui composait jadis le territoire linguistique arvanite le plus solide[71]. Aujourd'hui le seul témoin de ce passé est la mémoire de l'origine arvanite chez certaines familles athéniennes (Panourgia 1995 : 25-30). Le même processus assimilateur a bénéficié de la tendance simultanée de l'exode rural des régions arvanites, menant à l'urbanisation des populations paysannes et à l'affaiblissement des sociétés locales[72]. Pendant la même période (fin du 19e et début du 20e siècle) on remarque des changements linguistiques au nord-est de l'Attique et à l'est de la Béotie, notamment à cause de l'installation des réfugiés grécophones d'Asie Mineure. Le changement linguistique chez la population de l'île d'Andros a commencé un peu plus tard, dans les années 1910-1920. La seule exception dans ce développement sont les villages plus isolés, situés à l'ouest et au centre de la Béotie (mont Hélicon) et de l'île d'Eubée (Cavo Doro), où le contact avec des monolingues Grecs était plus rare. Dans ces cas, la langue a survécu au moins jusqu'aux années 1980 (Sasse 1985 : 43).

Pendant la même décennie, on remarque une tendance inverse de revitalisation de l'arvanítika et du patriotisme local, qui se manifeste par la fondation d'associations culturelles, l'édition d'ouvrages historiques, et l'organisation de manifestations folkloriques au centre de la capitale[73]. Des activités de cette sorte ont été tolérées par l'État grec, même si certains

---

[70] Sasse (1984 : 44) parle d'une « intégration obligatoire douce ».

[71] Sur ce point souligne Furikis (1934 : 51) : « Enfin on ne peut pas prendre en considération l'arvanítika parlé à Maroussi, Chalandri et Kifissia, puisque l'influence de la langue grecque a été si intense à cause de la communication fréquente avec les populations grecques qui se sont installées dans ces banlieues qu'on ne peut trouver des habitants acceptant de parler l'arvanítika ».

[72] Des Arvanites venant du nord-ouest de l'Attique (Vilia, Kriekouki, Mandra), ont habité des régions comme Lioumi à Aigaleo, Peristeri, Chaidari, Thissio, Petralona etc. Ceux-ci ont préservé jusqu'à un certain point la langue, les mœurs et les coutumes de leurs villages d'origine. En même temps, ils ont aidé leurs compatriotes arrivant dans ces quartiers urbains, à faire leurs études ou à trouver un emploi à Athènes. Concernant l'exode rural vers Athènes, voir Buck Sutton 1983 : 225-249.

[73] L'*Association Arvanite de Grèce* a été fondée en 1981. Les associations arvanites centrales posent le problème de la perte de la langue et essaient de cultiver des sentiments nostalgiques pour une tradition qui disparaît, alors qu'aux jeux des membres des communautés linguistiques la disparition de la langue est une évolution naturelle et inévitable.

cercles nationalistes grecs les voyaient avec méfiance. Le risque d'être considérés par l'opinion publique comme une minorité ethnique a conduit plusieurs sympathisants Arvanites de ce mouvement faible à y renoncer. Venant surtout des régions rurales et par peur de conséquences négatives et d'être stigmatisés dans leur milieu social grécophone urbain, ces membres enthousiastes du mouvement se sont éloignés de ces associations culturelles, en décadence dans toute la Grèce de cette époque. Un nouvel effort, effectué sous les auspices de l'Union Européenne, une décennie plus tard, n'a pas non plus apporté de meilleurs résultats. Cela s'explique par l'euroscepticisme, exprimé par une partie de l'opinion publique grecque à l'égard des initiatives européennes, en particulier quand il s'agit des « affaires nationales »[74].

Par conséquent, le fait que l'arvanítika ne soit pas enseigné dans les écoles publiques ou privées et que son apprentissage n'ait jamais été discuté par l'État grec, et encore moins par les locuteurs et membres des communautés linguistiques arvanites, ne devrait pas étonner[75]. L'absence d'une écriture codifiée de l'arvanítika est perçue comme un obstacle pour son apprentissage et constitue en même temps une raison pour sa dévalorisation pour les locuteurs natifs (Tsitselikis 1999). D'autre part, l'usage et l'adoption de l'alphabet albanais suscitent la peur d'une identification avec les immigrés albanais, porteurs d'une image négative dans la société grecque[76]. C'est ainsi que les efforts de la codification sont restés limités, tandis que dans les documents écrits, comme les textes ethnographiques, les extraits de la presse périodique, les calendriers et les bandes dessinées, on utilise l'alphabet grec, en ajoutant à l'occasion des symboles, afin de représenter les allophones albanais comme le /ë/, /ss/ et le /ł/[77].

---

[74] Le BELMR (cf. Lexique) a été fondé en 1982, ayant comme objectif la promotion des langues locales et des minorités. En 2002 on a fondé, après beaucoup d'efforts, une commission nationale en Grèce, qui ne comprend pourtant pas l'arvanítika. Les locuteurs natifs d'arvanítika dénient le statut d'une langue minoritaire pour leur langue, ce qui est le cas d'autres langues comme le valaque (koutsovlachika), le slavomacédonien, le pomaque, le turc etc. Voir Euromosaic, 1996.

[75] De nos jours, on remarque une tendance chez certains jeunes d'origine arvanite, éduqués dans la plupart des cas, à apprendre l'Albanais officiel, comme solution unique pour apprendre la langue de leurs parents.

[76] Au niveau de la politique linguistique, on devrait signaler ici que l'état grec voit dans le nouveau discours sur les droits minoritaires des nouveaux immigrés albanais un danger de « réveiller » des revendications de la part des minorités anciennes, qui sont considérées aujourd'hui comme des questions « résolues ».

[77] En ce qui concerne les conflits idéologiques entre les différents alphabets établis dans la péninsule balkanique voir Tsitselikis 1999.

Il est clair que l'arvanítika appartient depuis longtemps aux langues menacées, ayant perdu beaucoup de ses fonctions principales et de sa créativité linguistique (Tsitsipis 1984 : 122-131). Actuellement, les nouvelles générations recourent à la langue arvanite, afin de déclarer leur appartenance à un groupe local, ou à une « sous culture » (Botsi 2004). Selon des recherches de terrain, aujourd'hui l'arvanítika, avec une fonction métonymique qui l'identifie avec l'ordre social traditionnel[78], se transmet aux nouvelles générations essentiellement à travers des expressions simplifiées et stéréotypées, comme des proverbes, des récits, des dictons et des anecdotes[79]. Ces phrases simples, qui sont parfois le produit d'improvisations, jouent le rôle d'emblèmes d'une conscience proprement locale et d'un héritage culturel arvanite qu'on reçoit pendant la socialisation primaire.

En revanche, la langue des jeunes, qu'on pourrait appeler « l'argot gréco-arvanite », contient un potentiel plus dynamique et présente des traits d'une langue vivante, malgré des pertes indiscutables au niveau des structures grammaticales. Il s'agit d'un code mixte, qui répond aux besoins communicatifs de la vie quotidienne. Il exprime aussi le désir des jeunes de résister aux idéaux urbains établis et aux relations hégémoniques entre les différents groupes de la communauté. D'autre part, ce « code solidaire » sert à unir les membres des groupes professionnels divers qui sont liés sous une collégialité, comme par exemple les ouvriers du bâtiment, le personnel travaillant dans les moyens de transport, les éleveurs ou même les fonctionnaires et les marchands (Botsi 2006).

6. IDÉOLOGIES LINGUISTIQUES, ATTITUDES ET PERSPECTIVES

On a déjà montré que la façon dont les individus ou les groupes sociaux s'identifient est définie par le contexte social, la situation communicative et l'interlocuteur (Barth 1969) ; que l'identité présuppose l'altérité, qui permet la différenciation par rapport à « l'autrui » ce qui fait de l'identité une notion fluide (Gefou-Madianou 2003). Ce constat a conduit la recherche anthropologique à des approches anti-substantialistes,

---

[78] On trouve souvent l'expression *u pljakësem* (arv. « on a vieilli ») dans le contexte grec.

[79] On cite quelques exemples : *le atë punë* (« oublie cette chose! »), *várða punë* (« Feignant *lit.* loin du travail ») etc. Tsitsipis utilise les deux notions de *slim text* et de *formulae* pour décrire la langue des « locuteurs terminaux », qui les distingue des « locuteurs fluides ». Tsitsipis 1991 : 154-155.

dont l'étude se concentre moins sur ce qui constitue une identité, que sur le processus de sa construction et sur les conditions sous lesquelles elle se modifie (Gefou-Madianou 2003). Bien que le sujet de l'identité ethnique et locale des Arvanites n'ait pas été étudié de façon détaillée, on peut citer certains résultats, issus d'études sur les attitudes et la conception des Arvanites par rapport à leur langue, leur histoire et leur physionomie culturelle. Le point le plus remarquable du discours des membres des communautés arvanites réside dans leurs opinions contradictoires concernant la langue arvanite ainsi que son potentiel identitaire. Même si la langue est l'élément culturel le plus puissant bien que contesté aujourd'hui, étant donné que les traditions quotidiennes ont été abandonnées depuis longtemps, la compétence en arvanítika ne constitue pas une caractéristique exclusive pour être Arvanite[80]. Cette contradiction peut s'expliquer d'une part par la dévalorisation de la langue mais pas nécessairement de l'origine arvanite et, d'autre part, par la réduction incontestable de l'usage de la langue, qui connaît un processus irréversible.

En ce qui concerne le comportement linguistique des membres de la communauté, notre étude montre des similitudes avec le phénomène de la diglossie, où il y a une nette distinction du rôle attribué aux deux langues du répertoire : l'arvanítika est considéré comme incompatible avec les institutions officielles que sont l'église, l'école et l'administration, où la langue utilisée est le grec[81]. On remarque cependant qu'en ce qui concerne l'administration, la place des langues n'est pas homogène. Dans les milieux qui sont liés à la santé, comme la pharmacie ou le cabinet du médecin, c'est le grec qui est considéré comme la langue légitime parce que scientifique et liée à l'éducation. Par contre, à la mairie, qui est dans la conscience des individus, associée à la collectivité et à la culture locale, l'utilisation de l'arvanítika, même par des personnes importantes comme le maire et les membres du conseil municipal, est tolérée. Par ailleurs, les institutions religieuses qui sont historiquement liées à l'identité et la culture nationale

---

[80] Trudgill, Tzavaras 1977. Par contre, d'autres chercheurs ont constaté l'importance de l'interdépendance entre langue et identité. Serepas (2004) soutient, que selon la recherche de terrain dans la ville d'Aspropyrgos en Attique de l'ouest, la cohésion de l'identité arvanite est due à deux éléments qui ne correspondent pas à des données pragmatiques : en premier lieu l'existence des ancêtres arvanites et l'origine d'une lignée arvanite ; en second lieu la connaissance élémentaire de la langue locale. Cependant l'origine arvanite des membres de la communauté ne peut être prouvée dans une région urbaine et industrialisée ; la population y est dispersée et la connaissance de la langue se limite à quelques phrases, surtout chez la nouvelle génération, ce qui révèle le caractère imaginaire d'une identité arvanite tellement désirée.

[81] Le rôle joué par les institutions de la santé en tant que mécanismes de contrôle du comportement, est souligné dans l'oeuvre de Foucault (1982).

grecque, exigent l'utilisation de la langue grecque. C'est pourquoi le personnel de l'église (les membres de la commission ecclésiastique, les chantres et le clergé) maîtrisant bien le grec, se distingue au sein de la communauté et possède, par son « talent » culturel et spirituel, un prestige social plus élevé. De telles conduites sont illustrées dans plusieurs anecdotes arvanites, qui attribuent d'une manière ironique le comportement athéiste et profane, surtout des femmes arvanites, à leur manque d'éducation et de connaissance de la langue grecque : *atë zot do bënet drejkjë me një aɣrámato grúa?* « Dieu ne va pas devenir pareil à une femme illettrée », *ishtë djiali atë síprë!* « Celui là-haut est un gars malin [qui comprend tout] ».

Enfin, en ce qui concerne la compétence linguistique intergénérationnelle des Arvanites, les sociolinguistes distinguent entre les « locuteurs fluides » (*fluent speakers*) et les « locuteurs finaux » (*terminal speakers*) représentant respectivement la vielle génération et la jeune. Selon les mêmes études, le « locuteur final » se désigne comme l'initiateur d'une nouvelle perspective de valorisation des deux langues du répertoire (l'arvanítika et le grec) et leur relation mutuelle. C'est ainsi, que l'alternance de codes linguistiques (*code switching*), du grec à l'arvanítika, marque l'intention du locuteur d'évaluer d'une certaine manière les choses dites. Autrement dit, il renvoie de façon métonymique à des situations sociales qui s'identifient avec l'une des deux langues (Tsitsipis 1984). Ces normes idéologiques, qui représentent les attitudes linguistiques des jeunes locuteurs, sont le résultat d'un processus historique d'assimilation des Arvanites. Le phénomène de l'adoption des images et des principes du discours hégémonique grec par les locuteurs eux-mêmes, concernant leur langue est connu comme « subordination » et « dépréciation de soi » (*subordination / self depreciation*) (Hamp 1961). L'intérêt du discours des « locuteurs finaux », qui sont mieux intégrés à la société grecque, est dû au fait qu'ils introduisent et adoptent l'attitude d'un étranger dans la communauté, c'est-à-dire qu'ils voient leur langue du point de vue d'un étranger (*the outsider voice*). D'autre part, ces locuteurs récusent la paternité de telles opinions, évitant ainsi des conflits avec leur communauté arvanite propre, qui pourraient conduire à la perte du soutient matériel et moral de ses membres (Tsitsipis 1997). Pourtant, un regard plus profond sur ces schémas idéologiques montre qu'à part les critères utilitaristes, les « locuteurs finaux » sont dans un conflit interne qu'ils essaient de résoudre en construisant un code linguistique qui leur est propre (Botsi 2006).

7. CONCLUSION

Dans cette présentation, on a essayé de suivre le trajet historique, géographique et socioculturel de l'arvanítika jusqu'à nos jours, en focalisant sur les « aventures » sémantiques des dénominations de cette langue et de ses locuteurs. On a essayé de montrer que les dénominations, loin d'être arbitraires et hasardeuses forment le terrain des confrontations idéologiques entre les divers sujets historiques dans les divers contextes sociaux. Il devient clair, que les significations attribuées par les différents acteurs à des glottonymes et des ethnonymes sont souvent contradictoires. Cela reflète d'un côté, la divergence des conceptions et des représentations des différents points de vue et, de l'autre côté, la tendance d'interpréter les événements historiques avec une perspective actuelle. On ne devrait, pourtant, pas ici sous-estimer la dynamique socioculturelle à l'intérieur des communautés linguistiques natives, qui se développe, jusqu'à un certain point, indépendamment des influences « extérieures » et des macrostructures historiques. A un niveau synchronique, on devient aujourd'hui témoin du croisement des conceptions divergentes entre les différentes générations et groupes sociaux au sein d'une seule communauté arvanite.

De plus, la sémantique de ces dénominations est le produit du contact interculturel avec les « autres signifiants », qui provoquent de nouveaux modèles identitaires. C'est pourquoi, dans les conditions de l'immigration nouvelle et du multiculturalisme moderne, le processus de l'identification et de la conception de soi par les Arvanites doit s'intégrer dans un discours actuel plus vaste, relié au processus contemporain de l'identité nationale de la société grecque dans son ensemble. Les études futures sur l'évolution de l'arvanítika devraient, ainsi, prendre en considération l'interdépendance et la relation dialectique entre ces facteurs qui agissent tant sur les représentations des individus que sur les structures linguistiques des langues parlées.

Le nom des langues II. Le patrimoine plurilingue de la Grèce
(sous la direction d'E. Adamou), Louvain, Peeters, BCILL 121, 2008, p. 71-76.

ARMÉNIEN

Evangelia Adamou
Lacito, CNRS, France

RÉSUMÉ : *On présente rapidement les informations sur l'arménien et sa situation en Grèce. On aborde par la suite les représentations linguistiques des locuteurs nés à Salonique et à Xanthi ayant participé à une pré-enquête menée en 2005 par l'auteure : ces locuteurs bilingues distinguent le gréco-arménien, l'arménien du Liban qui sert de norme, et l'arménien dialectal des réfugiés, caractérisé par des valeurs d'authenticité. La situation décrite est comparée à celle de la communauté arménienne installée en France.*

L'arménien est une langue indo-européenne, isolée, avec des influences non-indoeuropéennes importantes. Il est écrit depuis 1 600 ans. Il est parlé aujourd'hui sous différentes variétés par 6 723 840 de locuteurs (2001 Johnstone, Mandryk, Ethnologue report) dont la moitié est installée dans d'autres pays que la République d'Arménie. On répartit les variétés de l'arménien entre dialectes orientaux (4 341 000 locuteurs) et occidentaux (879 612 locuteurs) ; les dialectes orientaux sont les variétés d'Arménie, de Turquie et d'Iran et l'on range le reste des parlers dans les dialectes occidentaux[82].

En Grèce, l'arménien n'a pas le statut de langue minoritaire alors que sa présence est parmi les mieux acceptées par les pouvoirs publics ou par la communauté grecque en général. L'arménien fut enseigné dès le 19ᵉ siècle sous la domination ottomane et cet enseignement s'est poursuivi dans le cadre de l'État grec, avec un financement associatif. L'État ne souhaitait

---

[82] Il est intéressant de noter que les spécialistes classent les parlers de Grèce dans l'ensemble occidental alors que les locuteurs interrogés lors de mon enquête classent leur parler dans le groupe oriental.

pas reconnaître les écoles enseignant l'arménien en tant qu'écoles minoritaires mais n'empêchait pas leur fonctionnement dans le cadre de l'enseignement privé. L'arménien est actuellement enseigné dans des écoles bilingues grec-arménien à Athènes (350 élèves), les enseignants relevant de l'Education nationale grecque. A Salonique, un enseignement est dispensé une fois par semaine et concerne 150 élèves (Hassiotis 2005).

La présence des Arméniens dans ce qui est actuellement l'espace géopolitique de la Grèce a été très importante, notamment au début de l'Empire ottoman, puis de nouveau dès le début du 19e siècle. De la fin du 19e siècle jusqu'au début de la Première Guerre mondiale, la présence arménienne est forte en Thrace, mais moins importante dans la ville de Salonique[83] où les Arméniens ne dépassent pas quelques centaines de personnes, généralement des commerçants ou des agents de l'administration ottomane. Ce chiffre va changer considérablement lorsque près de 10 000 réfugiés arrivent à Salonique entre 1919 et 1923. La majorité de ces réfugiés trouve des occupations précaires et grossit les quartiers pauvres, seule une minorité rejoignant les élites locales. En 1929, à la suite d'émigrations économiques, on ne compte plus que 6 500 Arméniens à Salonique et en 1947 il n'en reste que 1 344. Ce chiffre reste relativement stable jusqu'aux années 1990, la communauté de Salonique se trouvant alors renforcée par l'arrivée d'Arméniens de la République d'Arménie. Aujourd'hui, une jeune génération née en Grèce est issue de cette immigration économique. La communauté arménienne de Salonique compte actuellement environ 10 000 membres, ce qui représente la moitié du nombre total des Arméniens habitant la Grèce. Quatorze églises arméniennes fonctionnent de nos jours dans l'ensemble du pays.

REPRÉSENTATIONS SUR LA LANGUE

Les données qui concernent le nom de la langue ont été recueillies par l'auteure lors d'une recherche-pilote menée en 2005[84]. L'enquête concerne essentiellement Salonique[85], secondairement Xanthi. L'importante communauté d'Athènes n'est pas incluse dans l'enquête.

---

[83] Toutes les données historiques concernant la communauté arménienne de Salonique proviennent de l'ouvrage de Hassiotis 2005.

[84] Avec le soutien financier du laboratoire Lacito du CNRS.

[85] Je tiens à remercier le président de la communauté arménienne de Salonique, Vartkes Kontaxian, et l'archimandrite de l'Eglise Arménienne au moment de l'enquête, Magar Askarian, pour avoir rendu cette enquête possible. Je souhaite exprimer ma plus profonde gratitude à Vahe Avendisian pour sa collaboration active et sa disponibilité. Je

L'arménien est avant tout la langue de la mémoire collective : lors des entretiens réalisés, le thème du récit (en arménien) est invariablement l'exode, relatant l'histoire familiale. Un autre sujet fréquent concerne l'installation de la communauté à Salonique ou à Xanthi et sa situation actuelle. Parler en arménien, c'est offrir un témoignage sur la communauté arménienne. Cette conscience historique, ce poids de la collectivité sont très rares chez les autres communautés étudiées dans ce volume et c'est un aspect indispensable pour comprendre la communauté arménienne.

Le terme employé en arménien pour désigner la langue est *hajeren*, de même racine que *Hajestan*, nom de l'Arménie actuelle. En grec le terme désignant la langue est *arménika, armeniká* « arménien », *armeniki (ghlósa)* « langue arménienne » ; ces appellations construites sur la même racine ne sont que des variations allant d'un registre oral à un registre plus soutenu.

Outre ces dénominations générales, les locuteurs ont d'autres représentations plus fines de l'arménien que je présente rapidement :

1. Le gréco-arménien ou l'arménien de la diaspora

Lorsque les descendants des réfugiés font référence à l'arménien qu'ils parlent, ils mettent en avant leur identité bilingue et précisent qu'ils parlent le « gréco-arménien » *elinoarménika* (gr.), où les calques du grec sont très nombreux. Le gréco-arménien appartient pour eux à une catégorie plus large, celle de *l'arménien de la diaspora*, c'est-à-dire l'arménien influencé par les langues des différents pays d'accueil (États-Unis, France, etc.) L'importance du parler et de l'identité bilingues sont également observées et soulignées pour la communauté arménienne de Paris par différents auteurs dont Kasparian 2001.

L'influence du grec a été très sensible déjà pour la génération des réfugiés, puisque la plupart étaient très jeunes lorsqu'ils sont arrivés à Salonique et qu'ils ont appris le grec rapidement pour s'intégrer à la vie de leur pays d'accueil (on relate toutefois des cas d'imperméabilité complète à la maîtrise du grec[86]). Les arménophones que nous avons pu rencontrer sont tous bilingues et ils sont nés et ont vécu à Salonique. L'arménien était parlé à la maison ainsi qu'au sein de la communauté arménienne (église, manifestations diverses de la communauté) ; jusqu'à 1947, la communauté

---

remercie également tous ceux qui ont accepté de participer à mon enquête, à Salonique et à Xanthi.

[86] Ce refus d'apprentissage de la langue du pays d'accueil est signalé aussi pour la même génération arrivée en France dans Hovanessian 2001 : 175.

a suivi également l'enseignement de l'arménien à l'école. Les locuteurs de cette génération[87] s'expriment actuellement en grec, même si des récits en arménien sont très fréquents et recherchés lorsqu'ils sont en communauté. Les jeunes générations s'expriment en grec, alors qu'ils comprennent et peuvent pratiquer également l'arménien appris par la famille, la communauté et les cours de langue de l'école.

2. L'arménien du Liban et l'arménien d'Arménie

Pour des raisons historiques, le contact a été plus long et plus stable avec la variété arménienne du Liban qu'avec l'arménien parlé en République d'Arménie. La variété dite « gréco-arménien » est donc principalement comparée à l'arménien du Liban qui sert de norme prescriptive. Cette norme n'est en pratique véhiculée que par les archimandrites, généralement originaires du Liban, mais elle a cependant une forte influence sur les usages des arménophones de Salonique.

A titre d'exemple, tous les locuteurs du gréco-arménien rencontrés affirment utiliser ou avoir utilisé de manière « fautive » une suite de deux verbes déterminés par la personne, comme dans *gjuzém jertám* « je veux partir (je pars) », là où il faudrait employer la structure « correcte » [verbe + infinitif] *gjuzém jertál*. Toutefois, lors des passations de questionnaires, les informateurs interrogés ont répondu en employant l'infinitif et je n'ai pas enregistré d'emplois « erronés »[88]. Il s'agirait donc d'un fait linguistique cristallisant l'attitude prescriptive et il semblerait que des locuteurs, après avoir longtemps employé les verbes avec la marque de personne, s'appliquent désormais à utiliser l'infinitif. D'après certains informateurs, l'influence de la variété prestigieuse de l'archimandrite aurait été décisive sur cet aspect.

Si les locuteurs considèrent que leur variété et celle du Liban appartiennent à la même aire dialectale, ils considèrent au contraire qu'elle est éloignée de la variété parlée en Arménie, et donc par les immigrés économiques. Le dialecte du Liban est qualifié d'arménien « léger » alors que la langue parlée en Arménie serait un arménien « lourd ». La distance ressentie avec l'arménien d'Arménie est confirmée des deux côtés : les

---

[87] Le découpage en générations s'impose lorsqu'on se penche sur les communautés arméniennes de la diaspora du fait de vécus bien différents. Voir aussi Hovanessian 2001.

[88] Il ne s'agit toutefois que d'une pré-enquête et donc un plus grand nombre d'informateurs et de récits est indispensable pour se prononcer de manière plus sûre sur cette question.

locuteurs originaires d'Arménie déclarent ne pas comprendre aisément les arménophones locaux et vice versa. Tous déclarent cependant s'être habitués aux parlers des autres et que l'intercompréhension est possible, quoique encore par moments difficile. Cette difficulté pourrait expliquer en partie le recours au grec chez les jeunes lorsqu'ils s'adressent aux anciens. Toutefois, des critères d'ordre subjectif et sociolinguistique influent sûrement sur les usages des jeunes originaires d'Arménie, comme le désir de s'intégrer en Grèce, ce qui passe pour eux entre autres par l'emploi de la langue. Ces jeunes issus de l'immigration récente, mais nés en Grèce ou y ayant passé une grande partie de leur vie, critiquent les nouveaux arrivants sur la mauvaise qualité de leur grec.

3. Les dialectes

Une autre « catégorie » d'arménien mentionnée par les arménophones de Salonique est l'arménien dialectal des réfugiés du début du 20ᵉ siècle. Les lieux d'origine des réfugiés étaient variés : Smyrne, Cappadoce, Adana, Seles, etc. Selon la région, la variété d'arménien parlée était différente. Le bilinguisme avec le turc était courant et l'on met volontiers l'accent sur le « mélange » entre arménien et turc, plus ou moins important selon les parlers[89]. On mentionne également que certains Arméniens étaient turcophones car le trait identificatoire pertinent sous l'Empire ottoman n'était pas la langue mais l'appartenance à une *millet*, en l'occurrence la millet arménienne, existant depuis le 15ᵉ siècle (au 19ᵉ siècle sont reconnues les millets arméniennes catholiques et protestantes).

Les variétés dialectales des réfugiés véhiculent pour les locuteurs actuels des valeurs d'authenticité. Il ne s'agit pas d'une « pureté » mais d'une authenticité du fait que cette langue était parlée dans les lieux d'origine, d'où les ancêtres ont été chassés dans des conditions dramatiques[90]. Les dialectes sont donc en rapport étroit avec la mémoire, l'histoire, l'identité de la communauté.

---

[89] Lors de cette brève enquête nous n'avons pas observé un « tabou » concernant l'influence du turc sur l'arménien tel qu'il est signalé par exemple par Donabedian 2001.

[90] La déportation des Arméniens et les massacres effectués par le gouvernement des Jeunes Turcs de l'Empire ottoman sont encore aujourd'hui source de débats : l'État turc conteste l'ampleur des massacres et n'accepte pas le terme de *génocide*. On peut signaler que la Grèce (ainsi que l'Union européenne) fait partie des États qui reconnaissent le génocide arménien de 1915.

La référence à l'arménien dialectal a également une fonction ludique. On aime revenir sur la variation dialectale des réfugiés, évoquer les caractéristiques de chaque variété, en imitant la prononciation ou les caractéristiques lexicales et morphologiques.

CONCLUSION

La désignation de l'arménien ne constitue pas un enjeu pour la communauté arménienne de Salonique. Si l'appellation générale *arménien* est reconnue par tous, on peut observer les découpages plus fins pratiqués par les locuteurs eux-mêmes et les représentations qui accompagnent chaque dénomination précise.

Le nom des langues II. Le patrimoine plurilingue de la Grèce
(sous la direction d'E. Adamou), Louvain, Peeters, BCILL 121, 2008, p. 77-88.

GRÉCO-PONTIQUE

Georges Drettas
LMS, CNRS, France

RÉSUMÉ : *Comme tous les dialectes de l'ensemble grec oriental (gréco-criméen, cappadocien, etc.), le grec pontique présente, à tous les niveaux (phonologie, morpho-syntaxe, lexique) des différences formelles considérables avec les variétés qui fondent les systèmes linguistiques et normatifs de la langue grecque nationale dite « dhimotikí ». Du point de vue strictement linguistique on peut parler de langue pontique. En fait la question n'est pas si simple en dépit du fait que les étiquettes langue/dialecte ne sont pas liées à une question politique (irrédentisme, etc.). Nous examinons la nomenclature exogène ainsi que la terminologie employée par nos informateurs et nous essayons de décrire le mode de fonctionnement socio-linguistique du vocabulaire employé afin de mieux comprendre les enjeux profonds des systèmes glottonymiques.*

De tous les signes que la langue fournit au groupe pour étiqueter ses pratiques et les catégories qu'il applique au réel, il en est peu qui soient plus labiles que les ensembles lexicaux chargés de nommer les éléments constituants de l'environnement physique et social. Ainsi, les toponymes, ethnonymes, anthroponymes, hydronymes, zoonymes, sont nombreux, en général, et ils ont attiré l'attention des acteurs sociaux bien avant que ne se constitue une discipline scientifique spécifique, à savoir l'onomastique. Cette pratique empruntait ses méthodes à la philologie, puis à la linguistique, tout en élaborant des données qui étaient destinées essentiellement aux archéologues et aux historiens.

Avant de mener plus en avant notre réflexion, nous nous arrêterons sur un point qui reflète un problème actuel. On sait, en effet, que toutes les pratiques historiques et, en particulier, l'archéologie, peuvent être exploitées par les idéologies fonctionnelles du moment. Ainsi, dans la conjoncture contemporaine, les mouvements nationalitaires et les discours identitaires qu'ils produisent empruntent aux disciplines scientifiques des éléments factuels destinés à être retravaillés et insérés dans une sorte de proto-texte imaginaire qui fonctionne à la façon d'un délire psychotique où les mots précèdent les choses en constituant des références fantasmatiques. Afin de mieux comprendre la nature idéologique des interactions que nous évoquons, il suffira de donner une illustration bien connue du rapport ambigu que l'archéologie peut entretenir avec les données langagières. On connaît l'œuvre abondante et très popularisée de Maria Gimbutas (1963, 1971) se penchant aussi bien sur l'ensemble balto-slave que sur les cultures de la zone des steppes située entre la bande du *tchernoziom* (litt. « terre noire ») et la Mer Noire.

On sait que la fameuse « culture des Kourganes » occupe une place de choix dans la région considérée. Nous savons que l'ensemble balto-slave[91] a joué un rôle important dans la linguistique historique de l'indo-européen. La langue lithuanienne, par exemple, qui n'est connue que depuis le 16ᵉ siècle par des textes écrits, a été considérée longtemps comme un modèle d'archaïsme au sein des autres groupes de la famille indo-européenne. Dans cette préhistoire, M. Gimbutas a pris le parti de prétendre que les hommes de la culture des Kourganes étaient des Indo-européens. Rien ne permet de soutenir une telle hypothèse, en l'absence d'écriture. En fait, les données archéologiques définissant une « culture » donnée sont interprétés en fonction de l'idéologie nationaliste lithuanienne qui essaie de situer une hypothétique proto-langue dans un territoire d'origine non moins hypothétique. Cette manipulation a eu pour but de légitimer des revendications territoriales vis-à-vis des États voisins.

Là où ils existent, les ethnonymes et les glottonymes réagissent aux pressions des idéologies ambiantes en assumant un double aspect qui reflète le principe de l'hétéronymie. Le groupe humain et sa langue peuvent être désignés par leur propre nomenclature, endogène, ou par une terminologie imposée de l'extérieur, par les « autres ». Dans ces cas, il est fréquent que le terme exogène soit dépréciatif, voire franchement injurieux. Les groupes sociaux stigmatisés voient ainsi leur désignation transformée en injure. On peut rappeler, par exemple, le terme grec *jíftos* « tsigane » qui prend un sens dépréciatif s'il est appliqué à un non tsigane. Lorsque

---

[91] Les langues baltiques sont les suivantes : letton, lithuanien, live, shor, vieux-prussien ou wende. Les langue slaves sont aujourd'hui : ouest = polonais, kashoube, sorabe, tchèque, slovaque ; est = russe, belorusse, ukrainien ; sud : vieux bulgare (vieux slave), slovène, croate, serbe, bulgare.

l'investissement péjoratif d'un ethnonyme a été trop important, des expressions alternatives peuvent se mettre en place afin de fonctionner comme des euphémismes, qui sont d'autant plus utiles que les contenus péjoratifs[92] de la nomenclature antérieure ne disparaissent pas complètement. Les évolutions discursives de la modernité ont eu pour effet de produire des sortes de *cycles sémantiques*. Les Grecs anciens s'identifiaient à leurs cités et à leurs tribus mais, par opposition aux Barbares, ils se qualifiaient du terme de *Hellen(i)* « Hellènes ». La constitution de l'Empire romain a introduit un trait ambigu dans le sens de l'ethnonyme, puisque les « Hellènes » successeurs d'Alexandre sont des vaincus du point de vue politique, mais dans le domaine culturel et religieux ils exercent une influence importante dans tout l'Empire.

L'extension du monothéisme, d'abord en Égypte, puis, sous sa forme chrétienne, au Proche-Orient, à partir du 2ᵉ siècle, a modifié le sens du terme « Hellène ». Dans les écrits juifs ou chrétiens rédigés en grec, les « Hellènes » désignent des païens endurcis qui se vautrent dans les orgies polythéistes. Durant la période proto-byzantine et, en particulier, à l'époque de Justinien, le trait négatif lié à la religion s'est cristallisé et il restera tel jusqu'aux temps modernes. Durant les périodes byzantine et ottomane, les chrétiens orthodoxes se désignent par l'étiquette de « Romains », à laquelle telle ou telle spécification régionale peut être ajoutée au besoin. C'est sous l'influence européenne que le mouvement nationalitaire grec de l'Empire ottoman a repris le label « hellène, Hellade, hellénique » en lui redonnant un sens positif. La guerre d'indépendance (1821-1830), puis la création d'un État indépendant, le Royaume de Grèce, en 1833, aboutissent à l'adaptation du terme « hellène, hellénique » pour désigner, dans la nomenclature officielle, les référents nationaux du nouvel État. Désormais, un « hellène » n'est plus simplement un « romain », au sens religieux du terme, mais très précisément un citoyen du Royaume de Grèce (en grec : Βασίλειον της Ελλάδος). Depuis lors, le terme « hellène » a perdu son trait négatif.

Les glottonymes sont formellement en rapport avec les ethnonymes ou les toponymes tout en échappant aux évaluations positives ou négatives que nous évoquions. Dérivé par des moyens morphologiques divers des noms de groupes ou de lieux, les glottonymes apparaissent doués d'une sorte de neutralité sémantique par rapport à l'évaluation qui s'attache souvent aux ethnonymes.

---

[92] La France a accueilli de nombreux groupes tsiganes depuis fort longtemps : *Sinti*, *Manush* et, plus récemment, *Rom*. Appelés parfois Gitans, d'après l'espagnol *Gitano* (i.e. « égyptiens »), ou, péjorativement, *Romanichels*, ces groupes rejetés et exclus sont aujourd'hui dénommés curieusement « gens du voyage ».

Du point de vue de la macro-toponymie, le terme « Pont, pontique » tire son origine du grec ancien (Εὔξεινος Πόντος) « Pont Euxin » qui désignait la Mer Noire. L'expression grecque est, on le sait, un euphémisme signifiant « la mer hospitalière, accueillante à l'étranger ». Dans l'Antiquité, le terme *Póntos* a fini par désigner, de façon métonymique, l'ensemble du *hinterland* situé au sud du littoral. Cette appellation s'est appliquée à un territoire varié en étendue et elle est devenue illustre lorsque le chef local Mithridate a constitué un royaume en luttant contre les Romains. L'Empire romain s'était installé dans la région après la disparition de Mithridate et l'appellation *Pontus, Pontos*, a été employée jusqu'à la période proto-byzantine (4ᵉ - 6ᵉ siècles). À l'époque des géographes, Arrien, Ptolémée, Strabon (Ie - IIe s.), pour ne citer que les plus pertinents pour notre région, apparaît le terme de *Λαζική* /Lazikí/ « Lazique », qui se réfère à la région située à l'est de Trébizonde. Chez Procope de Césarée (6ᵉ s.), par exemple, le terme correspond à la *Λαζία* /Lazía/ byzantine et au *Lazistan* des périodes ottomanes et modernes.

Le terme *Póntos*, lui, devient obsolète durant la période byzantine (4ᵉ - 15ᵉ s.)[93] où la région sera répartie entre trois *thèmes*, dont le plus central, appelé *théma Xaldhías* (θέμα Χαλδίας), correspond à la zone situé entre le littoral et la cordillère pontique. L'État ottoman achève la conquête totale de la région à la fin du 15ᵉ siècle. Il répartit le territoire entre deux grands *vilayet*, de Samsun à l'ouest, et de Trébizonde à l'est. Ces vilayets sont normalement divisés en *sancak*, eux-mêmes repartis en *kazas*. Les anciennes dénominations étaient devenues obsolètes et les populations locales les avaient totalement oubliées.

Dans la région pontique, pluri-confessionnelle, jusqu'en 1924, les membres du groupe religieux ou *millet* des chrétiens grecs orthodoxes se

---

[93] Le territoire byzantin ou Empire Romain d'Orient, a été divisé en *themata,* à partir du 7ᵉ s. à l'époque des dernières grandes offensives sassanides et au début de l'offensive foudroyante des forces du premier khalifat arabe. Le *thème* est une unité administrative à fonction essentiellement militaire. Le système cristallisé a été décrit au 9ᵉ s. par l'empereur Constantin Porphyrogénète dans le texte intitulé *Peri Thematon*. Au 11ᵉ s. la pénétration des Turcs dans l'espace anatolien a causé la disparition progressive du système des *themata*, remplacé assez rapidement par l'organisation territoriale des émirats seldjoukides. A partir du 14ᵉ s., l'Empire ottoman a divisé son territoire en grandes unités aux limites relativement arbitraires, selon une hiérarchie spatiale qui a duré jusqu'au début du 20ᵉ siècle. Ainsi le territoire est organisé en *vilayet*, dirigé par un *valî*, puis en *sancak*, gouverné par un *kaymakam*, et enfin en *kaza* dont le responsable est un *müdür*. A l'époque du tanzimat (1839-1908), des assemblées, *meclis*, ont été associées aux fonctionnaires impériaux. Le système qui était à la fois civil et militaire a duré jusqu'à la création de la République turque par les kémalistes (1920-1923).

sont désignés par l'ethnonyme *Roméos* (plur. masc. *Roméi*). Le terme fonctionne comme un générique qui permet de différencier le groupe grec orthodoxe local des *Túrk* « musulmans » ou des *Armén* « Arméniens », chrétiens membres de l'Église grégorienne et constituant une *millet* spécifique.

La question des langues vernaculaires se posait dans le cadre d'un plurilinguisme que l'on peut résumer ainsi :

1) Une partie importante des populations musulmanes était turcophone. Il s'agit en l'occurrence de variétés locales qui sont, malheureusement, peu décrites.

2) Les formes locales de turc étaient utilisées dans l'usage *véhiculaire* (échanges économiques, communication inter-groupes, etc.) par les populations en contact (grecs, arméniens, lazes, kurdes, turcs, etc.).

3) Le gréco-pontique était la langue des chrétiens orthodoxes et d'une partie des musulmans locaux.

4) Les Arméniens étaient soit arménophones, soit turcophones ;

5) Les Lazes musulmans étaient locuteurs de la langue *kartvèle* appelée *lazuri nena* « langue laze ».

On sait que le terme « laze » n'est pas employé exclusivement pour désigner les habitants du Lazistan, entre Rize et Hopa, locuteurs de la langue kartvèle précitée et de confession musulmane. En fait, les musulmans turcophones de la partie orientale de la Mer Noire se désignent comme *Laz*, terme qui souligne leur ancrage régional tout en évoquant, pour les autres Turcs, tout un ensemble de particularités culturelles : cuisine, comportement, folklore, etc.

De façon assez similaire à ce qui s'est passé dans les groupes musulmans[94], les membres locaux du groupe grec orthodoxe se sont désignés par l'ethnonyme régional « laze », soit en grec pontique *o- lazón* « l'homme pontique » masc. sing. nomin., féminin *i- lazú* « la femme pontique » (Drettas 1997). Il convient de préciser que, dans l'usage actuel, le terme *lazón/lazós* est un hyponyme de *roméon/roméos*.

Du point de vue sémantique, le rapport de spécification que l'on constate entre *roméo(n, -s)* et *lazó(n, -s)* est similaire à celui que nous observions entre *turk* et *laz*.

Dans le cas Laz/Turk, la glottonymie n'est pas en question. Elle est morphologiquement transparente en laze (kartv.) : *Lazi* « Laze », *lazuri*

---

[94] Dans les vilayets de la Mer Noire et de la Chaîne pontique, la mission musulmane a remporté des succès très importants au 17e siècle. Seules quelques micro-régions sont restées à majorité chrétienne.

« ce qui est laze », *lazuri nena* « langue laze ». Cette situation se retrouve en grec pontique : *Lazón* « Laze », N masc. sing. nomin. = N adj., *lazikón* « ce qui est laze », soit, à la forme du neut. plur. dét., *ta- laziká* « les choses lazes ; la langue laze ».

Précisons le mode de dénomination propre au grec pontique. Lorsqu'il y a un besoin *pragmatique* de spécifier sémantiquement le code linguistique, ce qui n'est pas si fréquent, on peut recourir à une suite déterminative comme, par exemple :

a) *to- lazikón[1] i- kalačí[2]*
1/ art. + N « laze » neut. sing. 2/ art. + N « le parler, façon de parler, idiome » fém. sing. nomin.
« Le (dialecte, idiome, langue) pontique ».

b) *to- lazikón[1] i- lalía[2]*
1/ art. + N « laze » neut. sing. 2/ art. + N « voix, parler » fém. sing. nomin.
« Le parler pontique ».

La structure argumentale, commune à l'ensemble grec, est simple. Exemple : une informatrice enjoint à une autre de raconter ses souvenirs en pontique (Drettas, 1997) :

c) *laziká[1] na- lés.ata.kí[2]*
1/ art. + N « laze » neut. plur. 2/ part. mod. + V « dire, raconter » 2p. sing. prés. + obj. 3p. neut. plur. + part. foc.
« Raconte-les (ces choses-là) en pontique ! ».

Afin de mieux comprendre le rôle spécifiant du terme /lazikón, laziká/ appliqué au parler du groupe, à sa langue, il faut évoquer le N adj. dérivé de l'ethnonyme *roméo(s, n)*, c'est-à-dire *roméikon*, neut. plur. *roméjka*.

Utiliser le N adj. *roméjkon* ou le neut. plur. *roméjka* pour désigner le grec pontique est possible, mais il reste ambigu à l'extérieur du territoire pontique d'origine, dans la mesure où tous les membres de la *millet* « romaine » ne sont pas forcément des ponticophones[95].

---

[95] À la fin de l'Empire ottoman (1918-1920), la millet grecque orthodoxe regroupe plusieurs langues liturgiques : grec d'Église, arabe chrétien, slavon serbe, etc., ainsi qu'un nombre non négligeable de vernaculaires : grec, arvanite, albanais, aroumain, turc, arabe oriental, bulgare macédonien, etc. Rappelons également que le terme de « roméique » a désigné le « grec vulgaire », en français, au 19ᵉ et au début du 20ᵉ siècle, pour le distinguer du grec ancien.

La création de l'URSS a eu pour effet de ranger les groupes minoritaires dans un nouveau cadre catégoriel. À côté de la citoyenneté « soviétique », les individus avaient le droit d'affirmer leur identité dans un ensemble de « nationalités » (en russe : *nacional'nost'i*) définies culturellement et territorialement. Les grecs de Russie, dont les origines étaient variées, se sont vus reconnaître le statut de *nationalité*. Cette reconnaissance entraînait le droit d'introduire à l'école primaire la langue parlée. Ce droit s'exerçait dans les territoires où le groupe représentait un poids démographique d'une certaine importance. La nationalité grecque comprenait des autochtones, les gréco-criméens, de Crimée et de Mariupol, des migrants venus de Grèce, des Grecs pontiques et même des Grecs turcophones d'Asie Mineure. Entre 1925 et 1935, l'État soviétique a encouragé une politique qui visait à faire passer à l'écrit puis à utiliser comme langue scolaire les variétés suivantes :

1) Le gréco-criméen, représenté par plusieurs parlers locaux en Crimée et dans la région de Mariupol.

2) Le grec « démotique » de Grèce.

3) Le grec pontique, répandu au Caucase du Nord et en Géorgie.

Afin de préciser les trois variétés en usage, on désigna le grec pontique par l'expression *pontijski jazyk* « langue pontique » et en pontique : *to-roméjkon to- pontéjkon i- γlósa* = litt. « la langue grecque pontique », qui traduit l'expression russe.

Cette nomenclature avait le mérite d'être claire, tout en effaçant le trait « laze » de l'origine des immigrants, car il fallait éviter, alors, de heurter la sensibilité nationaliste des Géorgiens, qui considéraient que les Lazes étaient, avec les Mingréliens, des membres à part entière de la famille Kartvèle.

L'utilisation du terme « pontique » comme spécifiant nous renvoie bien évidemment aux effets de l'hétéronymie cultivée par les Européens (Anglais, Français, Allemands, Italiens, Russes, Américains) depuis la fin du 16ᵉ siècle.

Les États européens ont toujours considéré l'Empire ottoman avec crainte et envie. En dépit d'une hostilité latente qui a existé jusqu'à la fin, au début du 20ᵉ siècle, les Européens, puis les Américains, se sont toujours efforcés d'entretenir des relations économiques nombreuses avec l'espace ottoman. Au 19ᵉ siècle, les réseaux capitalistes internationaux intégreront les régions de l'Europe orientale et du Proche-Orient. Le développement mondial du capitalisme s'est accompagné d'une interaction étroite entre les centres de la gestion économique et les lieux où se produisaient les activités scientifiques sous les modes complémentaires de la théorisation d'une part et des applications technologiques d'autre part. Dans ce cadre, la géographie, qui existait à l'état embryonnaire depuis l'antiquité, s'est développée comme une science synthétique qui propose un modèle pour toutes les pratiques dont l'objet est constitué par l'espèce humaine située dans son milieu naturel. Un caractère tout à fait important de la géographie moderne est constitué par la production de *cartes* qui représentent les phénomènes naturels (climats, flores, etc.) et sociaux (habitats, populations, flux économiques, etc.) selon un ordre spatial à deux dimensions.

Il est clair que les modèles géographiques qui s'accompagnent toujours de représentations graphiques ont favorisé l'usage de nomenclatures toponymiques et, subsidiairement, ethnonymiques ou glottonymiques.

C'est dans ce cadre très général que les Européens (et les Américains) ont utilisé systématiquement les nomenclatures toponymiques héritées de l'Empire romain. Les exemples sont légion, certes, et pour illustrer le phénomène je me limiterai à quelques dénominations empruntées à notre aire : la *Macédoine*, qui s'applique aux trois ou quatre vilayet de la Turquie d'Europe, l'Asie Mineure, remplaçant l'Anatolie, la Moesie, qui désigne une partie de la Bulgarie, l'Illyrie, la Palestine, etc. Ce qu'il faut comprendre, c'est que les nomenclatures autochtones n'ont pas leur place dans le processus de dénomination qui soutient les discours de la légitimité politique.

Le processus de modernisation de l'ensemble ottoman, commencé en 1839 avec le célèbre rescrit de Gülhane, a emprunté une version européenne de sa propre réalité. Ainsi, les diverses langues locales, orales et écrites ont adopté une partie non négligeable des nomenclatures européennes. Dans ce contexte, les vilayet de Samsun et de Trébizonde ont été, ensemble, appelés *Pont, Pontos*. Les habitants ont été qualifiés de *Pontiques* ou de *Pontiens*. En grec, le terme emprunté aux Européens revêt deux formes :

a) *pontik-*	N :	*pontikós*	« pontique »
b) *pont-i-*	N :	*póntios*	

L'emprunt au grec écrit (katharévusa) est attesté, après la Guerre de Crimée, dans l'ouvrage *I en Pónto ellinikí filí*, litt. « La population grecque du Pont » de Panayotis Triandafyllidhis, publié à Athènes en 1866. La date sert de jalon, car tous les intellectuels grecs, pontiques ou non, utiliseront, depuis lors, la terminologie européenne, elle-même puisée dans le grec ancien et le latin.

En Grèce, la forme la plus employée sera la seconde, soit : *póntios* « homme pontique », masc. sing. nomin. (plur. *póntii*). À cette forme correspond le N adj. *pont-i-a-kós (–ón)* « pontique », qui fournit, au neutre pluriel, le glottonyme actuel *(ta-) pontiaká* « le pontique ».

Depuis la seconde moitié du 19ᵉ siècle, la nomenclature européenne empruntée à l'Antiquité a été totalement adoptée par les lettrés et intellectuels grecs, d'abord chez les Pontiques de l'Empire ottoman, puis dans l'Empire russe (Caucase) et enfin en Grèce. Les terminologies administratives rendues nécessaires par les déplacements de populations (1923-1926) ont popularisé les appellations que les organismes internationaux (SDN, etc.) mettaient en usage.

Certes, les Grecs pontiques ne sont pas les seuls à s'être vus attribuer des étiquettes plus ou moins fantaisistes, mais , dans leur cas, le jeu des appellations s'inscrit dans un contexte de tension extrême entre les groupes qui sont tous constitués de citoyens « helléniques ». Les réfugiés de Turquie ont été installés, en Grèce, à côté des populations autochtones, sans que celles-ci aient été préalablement consultées.

Il reste à se demander pourquoi le néologisme *Póntos*, *Póntios*, *pontiaká*, a réussi à s'intégrer dans le discours ordinaire des Grecs de Turquie et du Caucase russe (soviétique de 1921 à 1991). Je crois que la pertinence des labels en usage dans le système des *millet* disparaissait dans les cadres socio-politiques nouveaux de l'État grec ou de l'URSS. Déjà dans l'Empire ottoman, la modernisation du Tanzimat avait entraîné la modification des anthroponymes et de certains toponymes. Le changement des ethnonymes reflétait le même processus. Les réalités socio-historiques n'accédaient à la reconnaissance qu'en étant désignées par les Européens.

À la différence de ce qui s'est passé avec la création de la « langue macédonienne » par les titistes en 1944, le grec pontique n'a jamais posé de problème lié à l'identité nationale. Celle-ci, on doit le répéter, reste fermement étayée sur le socle symbolique que constitue l'appartenance religieuse. La question qui se posait implicitement était celle de l'homogénéité d'une langue grecque nationale. Défini sous les deux aspects complémentaires de la *dhimotiki*, langue de peuple, et de la *katharévusa*, langue de la littéralité administrative et érudite, le grec, jouissant du statut de langue, s'opposait aux *dialectes* qui manifestaient objectivement l'hétérogénéité formelle des vernaculaires, à tous les niveaux : phonologique, morpho-syntaxique, lexical.

Nous avons une situation de fait face à laquelle les militants démoticistes, partisans de « la langue du peuple tout entier » ont eu des difficultés à tenir la position consistant à sous-estimer les différences linguistiques objectives. Pour ne prendre que le critère de l'intercompréhension, simpliste certes mais bien réel, on ne peut que constater qu'un certain nombre d'ensembles dialectaux, tels le pontique, le gréco-criméen, les dialectes de Cappadoce, le chypriote, les dialectes italo-grecs (Bova, Salento), le tsakonien, etc., mettent en question l'unité sans failles du grec moderne issu de la koïnè hellénistique. On peut se demander pourquoi ces ensembles bien spécifiques et dont la « grécité formelle » ne fait aucun doute, ont à ce point indisposé l'intelligentsia grecque du Royaume de Grèce, des terres ottomanes ou de l'Égypte. Force est de constater que les ensembles précités n'étaient pas tous résiduels, tant s'en faut, et qu'ils mettaient en question la vulgate historique que les intellectuels grecs s'efforçaient d'imposer.

À considérer l'histoire linguistique du grec à partir de la période post-classique, en s'arrêtant autant que possible sur la période médiévale, il serait tout à fait raisonnable de parler de langues néo-grecques, comme l'avait avancé en son temps le linguiste soviétique Shirokov dans la *Bolshaja Sovjetskaja Encyklopedija* des années 1970. Le linguiste qui a vocation à pratiquer l'hétéronymie pour répondre aux besoins de précision de la discipline ne peut être opposé à une perspective terminologique bien adaptée à la diachronie.

Dès le début de l'histoire moderne du Pont dans ses versions grecques, la différence linguistique et culturelle était minimisée. Dans l'ouvrage emblématique de P. Triandafyllidhis, *I en Pónto ellinikí filí*, déjà cité, la région pontique et ses habitants ne doivent être considérés que comme une province de l'hellénisme. À cette formulation fait écho le titre de l'opuscule, publié en 1910 à Batoum par Pantelis Melanofrydhis, *I en Pónto ellinikí ghlóssa* = « *La langue grecque du Pont* ». Dans le même livre, l'auteur propose, à la fin, une « *Grammaire du dialecte pontique* » (Γραμματική της ποντικής διαλέκτου). On voit que la « langue » connaît des variantes régionales, lesquelles correspondent aux dialectes que la dialectologie naissante commence à étudier systématiquement, en France et en Allemagne.

Depuis lors, les érudits pontiques de Grèce (Valavanis, Ikonomidhis, Papadhopoulos, Tompaïdhis, etc.) ont tenu à l'étiquette *dialecte pontique* avec beaucoup d'obstination (Drettas 1997). On peut signaler des exceptions à la position majoritaire. J'avais signalé plus haut la nomenclature soviétique des années 1920, qui considérait que le pontique était une variété « roméique » égale aux autres. Dans les années 1980, un intellectuel grec d'origine pontique, Emmanouil Zakhos, avait écrit deux ouvrages : « *Nous sommes des Pontiques* » (*Imaste Pontii*) et « *L'Étranger de la Nouvelle Giresun* » (*O Ksenos tis Neas Kerasuntas*)[96]. Après un long séjour en France où il avait travaillé comme chercheur au CNRS (Folklore et Histoire des Balkans), E. Zakhos était retourné en Grèce après la chute de la dictature militaire (juillet 1974). Il s'est inséré dans les milieux intellectuels pontiques en soulignant la spécificité culturelle radicale de sa région d'origine. En utilisant le terme de « langue pontique » ou de « langue laze » il cristallisait une vision particulariste de la culture gréco-pontique dans son ensemble. Sur ce point, E. Zakhos tentait d'élaborer un ensemble d'arguments qui lui permettrait de produire une critique radicale de l'idéologie grecque contemporaine. Il faut préciser que son attitude est restée extrêmement minoritaire.

Pour des motifs très différents, j'ai souvent proposé l'usage du terme *langue pontique*, lorsqu'il s'agit d'étudier l'ensemble du point de vue linguistique ou sociolinguistique. La région du Pont est assez vaste, la langue est aujourd'hui présente dans des territoires divers (Grèce, CEI-Caucase, Turquie) et elle comprend un certain nombre de variétés locales comme, par exemple, les *dialectes* de la Haldhia (Drettas 1999), de Of ou de Tonya (Turquie).

Il n'est peut-être pas inutile de rendre compte d'une expérience personnelle. En 1988, j'avais proposé au 2e Congrès mondial pontique, qui se tenait à Salonique, une intervention intitulée « Le devenir de la langue pontique ». La proposition fut acceptée et, sur place, les quelques personnalités marquantes qui étaient là, tel P. Tanimanidhis ou l'écrivain Hr. Samouilidhis, n'élevèrent pas d'objection. Il est vrai qu'assistait au Congrès une délégation assez nombreuse des pontiques de l'URSS, lesquels ne maîtrisaient que le russe et le pontique. J'appris, par la suite, que la personne qui était la plus réticente à l'usage du terme « langue » était justement le linguiste Tompaïdhis, dont j'apprécie fort les travaux. Je dirais que pour le linguiste, la définition stable et raisonnée de la dichotomie langue/dialecte ne serait fondée que dans le cadre d'une véritable théorie du *diasystème* permettant d'établir aussi bien l'inventaire des similarités structurelles que de repérer les *ruptures diasystémiques* qui ont produit des différences formelles fondamentales entre les variétés parentes. La nomenclature va faire office de fétiche servant à masquer la réalité des pratiques langagières. Les intellectuels collaborant à la construction d'une *ponticité imaginaire* œuvraient à légitimer leur existence dans la production des appareils idéologiques que les États nations se doivent d'entretenir.

---

[96] Ce texte, écrit en dhimotikí avec des passages en pontique, était à la base d'une série télévisée. Les ponticophones natifs qui suivaient cette série acceptaient mal nombre de formes pontiques proposées par l'auteur.

Dans ce cadre idéologique, le pontique n'était légitime que s'il exhibait un nombre considérable d'archaïsmes structurels.

Le cas des gréco-pontiques est intéressant parce que pour eux la question des langues n'est pas conflictuelle. Tout d'abord, on doit constater que, le plus souvent, la langue vernaculaire n'a pas besoin d'être désignée par un terme spécifique. Face à l'étranger, c'est tout simplement *teméteron i- kalači* « notre parler ». La formulation reflète un constat de trait comportemental qui est traité avec une indifférence relative. Je veux dire par là que le vernaculaire ne joue pas un rôle déterminant dans la dialectique identitaire. Dans la situation excessivement difficile qui a été celle du groupe pontique déplacé en Grèce, la langue qui avait de l'importance, c'était celle que l'on ne connaissait pas, *ta- eleniká*, que maîtrisaient quelques notables et que l'on apprenait à l'école.

De l'autre côté, celui des praticiens du nationalisme qui s'efforçaient depuis la fin du 19ᵉ siècle d'ajouter la « langue du peuple » aux divers ingrédients caractérisant une hypothétique nation, on voyait se constituer une tentative effrénée de manipuler la réalité linguistique, comme si celle-ci fournissait des *phénotypes* sur lesquels seraient venus s'étayer les rhétoriques obsessionnelles du chauvinisme. Dans l'ensemble grec, l'insertion du trait « langue » dans l'ensemble des critères définissant le groupe ethnique ne s'est jamais réalisée totalement, en raison de la prégnance du système des *millet*, qui renvoyait au domaine de la littéralité les questions liées aux vernaculaires. L'oralité s'était reproduite selon le mode du plurilinguisme et la compétence langagière consiste, aujourd'hui encore, à s'adapter à la déviance du co-énonciateur.

Le cas pontique montre que le glottonyme n'est pas toujours pertinent pour les locuteurs natifs. La « façon de parler » va de soi et l'adaptation aux variations objectives fait partie de la culture langagière des groupes. Contrairement à ce que font les intellectuels organiques de l'État-nation, les locuteurs ne transforment pas en contours symboliques les différences linguistiques qu'ils maîtrisent dans leurs pratiques discursives réelles.

Le nom des langues II. Le patrimoine plurilingue de la Grèce
(sous la direction d'E. Adamou), Louvain, Peeters, BCILL 121, 2008, p. 89-105.

ROMANI

Irene Sechidou
Aristotle University of Thessaloniki, Greece

ABSTRACT: *The first part of this chapter is an overview of the names, geographical distribution and classification of the Romani dialects spoken in Greece. The second part discusses sociolinguistic aspects of the Romani dialects and the Para-Romani varieties of Greece, i.e. of the secret codes with a Romani component which are spoken by Hellenised Rom. More specifically, in (1) we present the etymology and use of the cover terms "Rom", "Romani", "Gipsy (Gypsy)". In (2.1) we examine the history and classification of the dialects of Greece in two major groups, the Balkan and the Vlach. In (2.2) we discuss the specific group and dialect names in Greece, the patterns of naming and the use of the Greek exonyms. In (3.1) we examine the patterns of language use of one Romani dialect, spoken in Ajios Athanasios, and attempt a few general remarks on the use of Romani in Greece. Part (3.2) is an analysis of the functions of the Para-Romani variety of Finikas Romika and other similar varieties.*

0. INTRODUCTION

The Romani dialects spoken in Greece have rightfully drawn the attention of researchers, since Early Romani was formed in Greek-speaking Byzantium and the long contacts of Greek and Romani have been crucial to the development of Romani in general. The pioneer study on Romani spoken in the Balkans belongs to Paspatis (1870), who compiled a glossary and a grammatical sketch of two varieties spoken in the district of Istanbul. Elaborate linguistic descriptions of dialects are provided in the recent monographs by Igla (1996) on the dialect of Ajia Varvara in Athens[97] and by Cech, Heinschink (1999) for the Sepečides dialect spoken in Volos and other parts of Greece. The description of the dialect of Ajios Athanasios, Serres, is the third detailed analysis on a Greek dialect by Sechidou (2005a), with a focus on the structures and borrowings of Greek origin in the dialect. Boretzky (1999) includes information on a dialect spoken in Iraklia, Serres, in his very important study on Southern Balkan dialects. Matras (2004) gives a descriptive and comparative outline of the dialect spoken in Parakalamos in Epirus. There are also a few notes and a glossary by Liapis (1998) for two varieties spoken in Thrace. Finally, Schulman (2006) reports on research in progress on the dialect of Sofades, Karditsa.

This paper also draws on data included in the Romani Morphosyntax Database (Elšik, Matras) for the dialects of Florina and Kalamata, which were collected by the author in 2001 and 2003, based on the guidelines of "The Romani Dialectological Questionnaire". Remarks on other dialects rely on fieldwork in Dendropotamos, Thessaloniki (1998), Finikas, Thessaloniki (1999), Serres (2000-2001) and Thrace (2005), the latter in cooperation with Adamou.

1. THE COVER ETHNONYMS ROM, ROMANI, GIPSY (GYPSY)

The cover term *Rom/ Řom* "member of the group" is used as a self-designation by all speakers of Romani, which constitute, according to the most conservative estimates, a population of more than 3.5 milion worldwide (Matras 2002: 238). It is etymologically related to the name *d'om* which is still used to denote a caste-type affiliation in India today (Grierson 1922: xi, 143 in Matras 2002: 15). The self-appellation *Rom/ Řom* is usually used alongside with group-specific names. The meaning of the common noun *rom* is "man, husband". The respective feminine noun is *romni* "woman, wife" and "member of the group"[98]. The ethnonym *Rom* has been recently introduced in science, policy making and in the discourse of Rom activists. It is usually written with a capital letter and shows an inconsistency in the formation of the plural, e.g. *Rom-a* (the Romani plural), *Rom-s* (the English plural) or *Rom* both for singular and plural[99]. In Greece, the tendency to use the term *Ρομ*, pl. *Ρομά* in public discourse by Rom and Greeks, in scientific texts, etc., is also quite strong.

---

[97] See also Messing (1988) for a glossary and sample texts.

[98] The Rom refer to all outsiders as *gadžo* "the non-Rom", e.g. *o gadžo avela* "the foreigner is coming".

[99] The third option is adopted in this article, according to Matras (2002).

The cover glossonym *Romani* refers to four branches[100] of genetically related Indic dialects. The Rom refer to their mother tongue as *Romani čhib* "the language of the Rom", *amari čhib* "our language" and *romanes* which is an adverb and means "(to speak) in the Romani way". We have to note though that a common, standard Romani language does not exist. Each group uses these "general" terms to name its own dialect. At the same time, the Rom use specific dialect names, deriving from specific group names. The Romani language as part of the identity of the Rom is related to the diferent groups and the more abstract notion of "being a Rom" at the same time. The cover term *Romani* is also used by linguists, in order to distinguishing the different dialects, the off-spring of the Proto-Romani language, from other languages spoken in the same territories. The term *Romani* is the adjective deriving from *Rom* in the feminine form because it modifies the feminine noun *čhib* "language", which is usually omitted.

The exonyms *Gypsy* (English), *Gitan* (French), *Gitano* (Spanish), etc. prevailed in the European languages until quite recently. They originate in the various forms of the designation *Egyptian*. The respective Greek term is γύφτος and derives from the Greek designation Αιγύπτιος, γύπτιος "Egyptian", also γύφτης< γύπτης and γύφτισσα< Αιγύφτισσα (Paspatis 1870: 19, Tzitzilis 1994). This exonym is encountered in the first texts that document the presence of Rom in the 11th century and have been widely used in scientific texts and journals[101]. The origin of this exonym is based on the myth of the acclaimed Egyptian origin of the Rom, which had prevailed until the 18th century. The Rom cultivated this belief themselves, as they entered Christian Europe, saying that they were former heathens who were Christianised and intended to wander as pilgrims through Europe. The motivation for this attitude was the respect that pilgrim travellers earned throughout Europe (Trubeta 1996 : 732). A second option is that the name *Gypsy* originates from the place name "Little Egypt". "Little Egypt" was the name of the district around the city Methoni in the Peloponnese, where Rom were reported to have settled very early (Trubeta 1996: 732) or it might be a general term for the Middle East (Bakker et al. 2000: 59).

The numerous appellations of the type *Zigeuner* (German), *Tsigane* (French) *Çingene* (Turkish), *Zingaro/ Zigano* (Italian), etc. derive from Greek. The respective Greek name is ατσίγγανος/ ατζίγγανος and the shorter τσιγγάνος with the truncation of initial *a-*. The Greek names ατσίγγανος/

---

[100] According to the classification of Matras (2002).

[101] Cf. the Journal of Gypsy Lore Society, published since 1888, which changed its name to Romani Studies in 2000.

ατζίγγανος derived from the term αθίγγανος[102], which referred to the Christian sect of the "untouchables" documented in the area of Antiochia in the 9th century. The members of this sect and the Rom moved from the eastern part of the Byzantine Empire to the West and were engaged in the same trades as musicians and fortune-tellers, facts which probably led to the identification of the two by the Christian clergy (Bakker et al. 2000: 59, Trubeta 1996: 730)[103].

2. ROMANI DIALECTS IN GREECE

2.1. History, classification, geographic distribution

Despite the different approaches to the classification of dialects in Romani dialectology, a division into dialects on the grounds of specific isoglosses has been established as a common reference grid. Out of the four major Romani dialect groups, the dialects spoken in Greece belong to the Balkan and the Vlach group[104]. The Balkan dialects are spoken in south-eastern Europe and are subdivided into South-Balkan I and II by Boretzky (1999). The Vlach dialects were spoken in the area of present-day Romania for a long period (14th- 19th c.) due to the status of serfdom that applied to Rom (Igla 1996: 1). This is why they were given the name *Vlach* by Gilliat-Smith (1915) and are greatly influenced by Romanian. The Vlach dialect group is divided into Northern and Southern Vlach and is today probably the larger group in terms of the number of speakers and geographical distribution (Europe and America).

We can distinguish three waves of Romani groups migrating in the area of what is Greece today. The first were speakers of Balkan dialects. Their historic presence in the area is already documented as early as the 11th century and has been continuous since then. They were part of the local population and their mobility related to seasonal, itinerant trades. A second wave of Vlach groups arrived in Greece in the 1920s in large

---

[102] A convincing proposal for the phonological changes explaining the development αθίγγανος> ατσίγγανος is given by Tzitzilis (2006).

[103] A second proposal is that the names of this type derive from the Kurdish (Iranian) word *asingar* "blacksmith", a traditional occupation of the Rom (Bakker et al. 2000: 59).

[104] The third major Romani dialect group consists of the Central dialects, spoken in the Czech Republic, Slovakia and Hungary. The fourth group, Northern Romani, has spread in many countries in western, northern and northeastern Europe. For more details see Matras (2002: 5-10).

numbers. Finally, a small recent wave of immigrants consists of Balkan
Rom from Albania and Former Yougoslavic Republic of Macedonia, e.g.
the group of Florina that arrived after 1945 or small parties of immigrants
that arrived after 1990.

Waves of migration in Greece

Dialect group	*Time of immigration*	*Contact languages*
Balkan	Terminus post quem: 11th	Turkish, Albanian, Slavic, Greek
Vlach	1922-24	Romanian, Turkish, Greek
Balkan	1945, from the 1990 on	Turkish, Albanian, Slavic, Greek

The number of speakers of Romani in Greece today is estimated to be
ca 120 000-160 000[105] (cf. Bakker et al. 2000: 40).

Map 5: Geographical distribution of the documented Romani dialects in Greece[106]

Vlach varieties are spoken all over Greece from Thrace to the
Peloponnese and belong to Southern Vlach. Only the variety spoken in Ajia

---

[105] There are no official census estimates, because minorities have not been registered
separately since 1951.
[106] The Balkan dialects are marked with italics.

Varvara, Athens, has been described in great detail (cf. Igla 1996). According to Igla (1996: 2-3), the speakers of Vlach Romani in Greece migrated from Romania via Bulgaria into Turkey, and were sent to Greece in 1923-24 due to the Lausanne Treaty, because they were Christian. In the community of Dendropotamos, Thessaloniki, two Vlach varieties are spoken, the Kalpazanja and the Ficirkane, with the former being the prestige variety among the two, due to the good socio-economic status of its speakers. Fieldwork notes (Sechidou 1999) show that the Kalpazanja variety and the Ajia Varvara variety are identical and constitute one dialect. This dialect includes also the variety spoken by the Filipidžia group (Athens, Thessaloniki and Drama), where Turkish loanwords are replaced by Slavic ones (Igla 1996: 3).

The Ficirkane variety, on the other hand, diverges in certain features. For example, it displays the conservative Balkan variant of the copula *som* instead of the characteristic Vlach *sem/sim* and the typically Balkan preterite marker *–om* instead of the marker *–em*[107]. Moreover the Ficirkane variety shows also a neutralisation of the distinction between long and short verbs[108]: long verbs expand in environments typical for the respective verbs in the Balkan dialects. All these features indicate a longer or more intensive contact of Ficirkane with the Balkan dialects, which led to interdialectal interference.

Other features of Ficirkane are shared with the Gurbet dialect, a typical southern Vlach dialect spoken in the north of Greece. The most important one is the loss of the grammatical *–s* in final position, e.g. A.V. *keres* > Fic. *kere* "you do"[109] and internal position, e.g. A.V. *romesa*> Fic. *romea* "with the man". A further common feature is the replacement of the initial *k-* by *g-* in the demonstrative *gasavo* "such".

The Vlach variety of Komotini, Thrace, is spoken by a Muslim group and exhibits, as expected, a greater degree of Turkish influence than Vlach Romani in the rest of Greece because of the continuing contact of Romani and Turkish in this area. It seems to be related with the Ficirkane variety of Thessaloniki: it displays the atypical copula *som* and preterite marker *–om* and also the loss of grammatical *-s*, but to a smaller extent (only in final position). This brief overview on the available data on Vlach Romani

---

[107] The copula *som* is also documented in certain Northern Vlach dialects (Boretzky 2000). The preterite marker *–em* was the only variant documented so far in Vlach dialects.

[108] Long verbal forms in *–a* normally express modalities related with the future tense and the subjunctive in the Vlach dialects.

[109] Other examples are A.V. *sas*> Fic. *saj* "he was", A.V. *phendas*> Fic. *phenda*, A.V. *romes*> Fic. *rome* "man (in the acc.)", A.V. *les*> Fic. *le* "him".

shows that it is difficult at this stage to conclude whether one or more Vlach dialects are spoken in Greece.

In contrast, there are quite a few distinct Balkan dialects spoken in Greece, all sharing the common characteristics of their group. The Sepečides group was settled in the area of Thessaloniki, but one part left Greece during the Lausanne Treaty population exchange and today lives in the area of Izmir. The other part of the group remained in Greece, became Christian and moved mainly to Volos (Cech, Heinschink 1999: 1). The dialect of Ajios Athanasios, spoken in the city of Serres and surrounding villages, is a transitional dialect between South Balkan I and II (Sechidou 2005a). The Ajios Athanasios dialect is closely related with the eastern Balkan Rumelian dialect described by Paspatis (1870) and also shares common traits with the Arli and the Drindari Kalajdži groups. There is a distinct Balkan variety spoken in Iraklia, in the north of the prefecture of Serres (Boretzky 1999).

The dialect spoken in Florina is a typical Arli dialect (Romani Morphosyntax Database). The Romačilikanes dialect of Parakalamos, Epirus[110], displays quite conservative traits (Matras 2004). The Kalamata dialect combines archaic features, such as the wide range of loan verb adaptation markers *−Vz-, -isar-/ -ind-, iskerd-, -isajl-* (Matras 2004: 105), with a heavier structural influence from Greek in comparison with the other dialects. Balkan varieties are also spoken in Ano Ljosia, Athens (Igla 1996: 134), in Thrace (Liapis 1998: 26) and the Peloponnese.

All the above mentioned Romani dialects are transmitted normally to the next generation and successfully master the multiple contacts with other languages. In other words they do not convey traces of language attrition and belong to the so-called *Romani proper*. In contrast, there are groups of Hellenised Rom, where Romani ceased to be acquired as a first language. Nevertheless these groups use secret varieties that replicate Romani core vocabulary for specific purposes. They still preserve their Romani identity, are involved in itinerant trades and have strong ties with the other groups of Roma. This type of restricted code has been termed *Para-Romani* or *mixed*.

---

[110] Epirus along with Corfu and other Ionian islands received some of the first waves of Romani groups in Greece (Soulis 1929).

2.2. Specific group names and dialect names in Greece

Besides the convenient cover ethnonym *Rom* there are different patterns of specific group names. These patterns will be illustrated with examples of group and dialect names in Greece.

The patterns of group names

Criteria for naming	*Examples of specific group names in Greece*
traditional trades	Sepečia or Sepečides "basket weavers"
area, city or neighbourhood of residence	Alimbekioliðes< place name: Ali-bej-kioj
itinerant Rom vs. settled Rom	Arlie <Tk. *yerli* "settled"
religion	Kalpazea or Kalpazanja< Tk. kalpazan "false"

In the Balkans and central-eastern Europe, group designations are often based on traditional trades (Matras 2002: 5-6). This is the case in the self-designation *Sepečia* or *Sepečides*, which is based on the Turkish loanword *sepetçi* "basket weaver" (Cech, Heinschink 1999). Many designations denote the area, city or neighbourhood where the group used to be or is now settled, e.g. *Alimbekiolides* "the group of the neighbourhood of Alimbekioj (Serres)"[111], *Filibidžia/ Hilibidžia* "the group coming from Filipoupoli (Plovdiv), Bulgaria", *Stambulia* "the group coming from Istanbul", *Gümürdžlia* "the group resident in Gümürdžina (the Turkish name of Komotini)". The distinction between itinerant Rom and settled Rom is reflected in the group name *Arlia* (sg.), *Arlie* (pl.), which derives from Turkish *yerli* "settled" (Boretzky 1996) and is a very common name in the Balkans.

Of interest are group designations given to Roma by other Roma, which demarcate the tribes by highlighting different elements of their identities. Paspatis (1870) documents that the Muslim nomadic group called the Christian settled group *Kalpazan*< Turkish *kalpazan* "false". This name was given due to the adaptability of the Christian Roma with regard to their religion, who presented themselves as Christians or Muslims depending on what was more convenient (Paspatis 1870: 13). The name *Kalpazea/ Kalpazanja* is still used as a self-designation by many Vlach-speaking Roma now resident in Greece. It is obvious that such names have a pejorative connotation, as is also the case with the designation *Ficiri*

---

[111] This is the older name of the speakers of the Ajios Athanasios dialect.

(sg.), *Ficirja* (pl.), *Ficirkane* "in the dialect of Ficirja", of Rumanian origin, cf. also Greek *pitsiriki* "young boy" < ital. piccër (Tzitzilis 1996).

It is noteworthy that the group names presented so far, e.g. *Sepečides, Arlia, Kalpazanja, etc.* are mainly of Turkish origin. This is due to the fact that Turkish has been a major source of lexical borrowings for Balkan and Vlach Romani, in the same way it has been for all the languages of the Balkan Sprachbund. Some adaptation suffixes of these names are, nevertheless, Greek, e.g. *Sepeč+ ides*<Gr. –ήδες, *Kalpazán-ja* <Gr.-ια and were borrowed into Early Romani during its contact with Medieval Greek (for the morphological borrowings of Romani from Greek, see Sechidou (2005a).

The self-appellation *Romacel* of the Roma in the area of Parakalamos, Ioannina, diverges from the usual patterns of appellations in Greece and the Balkans presented above. It is an ethnic designation, deriving from *Rom*. This type of designation is common in central and western Europe, cf. the designation *romanichel* in France, *romačel* in Finland and *romanichal* in Britain (Matras 2004: 66). This type of group name adds the Greek derivational marker *–ik-*< Gr.*-(it)ik-*, which is archaic, in order to form adverbs in *–(an)–es* for the respective dialects. The dialect of the Romacel is called *Romacilikanes* (Matras 2004: 66). Cf. also the dialect-name *Arlikanes*< *Arlia* "in the dialect of the Arlia", *Ficirkane* "in the dialect of the Ficirja".

The most frequent Greek exonyms are *Cigani* (the plural of *Ciganos*) and *Jifti* (the plural of *Jiftos*). It is interesting how the Rom adopt this pair of Greek exonyms, when they speak Greek, in order to distinguish between different groups of the same area. In many cases, the Balkan Rom use the exonym *Jifti* to distinguish themselves from the Vlach Rom (cf. Matras 2004, Sechidou 2005). In this case, the exonym *Jifti* has the positive connotation of the "older" and "settled" Rom. The *Jifti* use the name *Cingani* in a pejorative way for the Vlach Romani groups. In Thrace, the exonym *Jifti* (*Tourkojifti*) is adopted by the Muslim Rom and the exonym *Cingani* by the Christian Rom (p.c. Adamou). Nevertheless, the exonyms *Jifti* and *Cigani* are usually used by Greeks indiscriminately with a negative connotation, a fact which leads the younger generation of speakers to denounce both of them and resort to the self-appellation *Rom*. The Rom of Greece refer to Greeks with the name *balamo* "Greek", pl. *balame*.

Another traditional exonym documented already in the 14th c. is *katsivelos* (m.), *katsivela* (f.) or *katzivelos, katzivela* from < Latin *captivelus,* cf. Italian *cattivello* "captive, slave" (Pott 1844-45, Vol. 2: 259 in Paspatis 1870: 19). It has been traditionally used in particular for the

Rom of northern Greece and Thrace and developed the additional meaning "blacksmith".

The strategy of descriptive linguists in introducing glossonyms for the dialects they study is to adopt the self-ascription of the group or the place-name as a modifier to the noun *Romani,* or the common nouns *dialect, variety,* e.g. the *Sepečides Romani* (self-ascription + Romani), the *Romani of Ajia Varvara* (place-name + Romani), the *Arli dialect* (self-ascription + dialect), the *dialect of Ajios Athanasios* (place-name + dialect), etc.

3. SOCIOLINGUISTIC SITUATION

Romani is primarily an oral language and it is generally acquired as a first language in the context of the family home and the community, without any support from the education system. In Greece there are no clear linguistic-political concepts concerning Romani, either on a national or on a local level. Romani is officially regarded as one of the minority languages spoken in Greece, but this does not entail any institutional reinforcement. Literacy is acquired, if at all, in the Greek language. Special educational projects or materials aim at improving the low rates of successful schooling of Romani children. The Rom themselves are generally indifferent or oppose to the option of teaching Romani in school because of the stigmatisation of Romani as an obstacle for social integration.

Nevertheless, Romani is a significant element of the identity of Rom in Greece. All adult Rom living in Greece are bilingual in Romani and Greek, while speakers of the older generation might have a passive knowledge of Turkish, Slavic, etc. depending on the migratory routes and the contacts of the group. Romani groups living in Thrace are trilingual in Romani, Greek and Turkish. According to Bakker et al. (2000: 40), in Greece 90% of the population of Romani origin preserve Romani as their first language, which is among the highest percentages in Europe. The Greek influence is stronger on the Balkan than on the Vlach dialects, because the two languages have been in contact much longer.

In the following sections, more specific remarks - mainly based on participatory observation - will be made on the patterns of language use of one dialect of Romani proper, the Ajios Athanasios dialect and one Para-Romani variety, the Finikas Para-Romani. The main purpose of the fieldwork was the collection of descriptive data, but the length and the nature of my contacts with the two groups allowed for the observation of actual language use. At the end of my contacts, I also did a short supplementary interview which followed the general guidelines of Halwachs et al. (1996).

3.1. The Ajios Athanasios dialect

The bilingualism or multilingualism of Romani speakers affects the patterns of language use in all Romani dialects and code-switching between two or more languages is the norm. The primary social parameter that affects the speaker's choice between two languages is the context of communication. A general pattern of Romani language use has surfaced from the studies of various Romani dialects and is analysed as a continuum between private and public spheres (cf. Halwachs 1993, 2005), Hübschmanová 1979). According to an overview by Matras (2002: 238), the public domain of communication, e.g. the interaction within institutions, such as schools, hospitals, public services, etc., is reserved exclusively for the majority language. In semi-public activities, such as work, shopping, leisure and interaction with friends, the choice of language can vary. In the Balkans, the common choice is Romani, while in Western communities the language typically used is the majority language. Finally, Romani is the exclusive or most common choice for communication within the extended family.

All speakers of the dialect of Ajios Athanasios are bilingual, fully competent in both Romani and Greek and are members of a well-integrated urban community. The patterns of language use in this community conform to the general picture presented above. Greek is the primary language used in public. The situation is more complex as regards the choice of language for work or leisure, which depends on the integration of the speaker in networks outside the Romani community. The socioeconomic situation of most members of the community is good and many of them, women included, work in the private and public sector in the city. Members of the younger generation successfully attend school and a few of them have a university degree. Therefore it is not surprising to find that Greek is the choice of many speakers in a semi-public context. On the one hand, the young, male and economically active speakers choose Greek, since work and entertainment takes place in a Greek environment. This also is the case with families that moved out of the neighbourhood into apartments in the city. On the other hand, older speakers and female speakers, who usually spend most of their time at home or within the neighbourhood, use Romani in most contexts. Finally, the Ajios Athanasios dialect is still very strong in the private family context and is normally transmitted as a first language to children.

Patterns of language use in the community of Ajios Athanasios

	private domain	semi-public domain	public domain
Older generation	Romani	Romani	Greek
Younger generation	Romani	Greek	Greek
Male speakers	Romani	Greek	Greek
Female speakers	Romani	Romani	Greek

The patterns presented in (3) are paradigmatic of other Romani dialects in Greece, with a variation in the choice of language in the semi-public domain. In all dialects the features of age and sex correlate with the choice of language as presented above. Other factors that may affect the choice of language in the semi-public domain are, for example, the degree of isolation of the communities or the type of occupation. The choice of Romani in the semi-public domain is the norm in Romani communities living in camps outside the city. Certain trades of Rom, such as selling seasonal goods in vans, collecting and recycling iron, working in the fields during the harvest, also entail a minimum contact in Greek. Although there is a need for a detailed survey for firm conclusions to be drawn, one would assume that, in many Romani communities in Greece, Romani prevails in the semi-public domain, in accordance with the patterns observed in the rest of the Balkans. The opposite is the case in urban, well-integrated communities, as in Ajia Varvara or Ajios Athanasios.

It should be noted that interaction in Romani among family or community members always contains extensive code mixing. Studies on code mixing with Romani as the L1 are quite recent (Halwachs, Heinschink 2000, Granqvist 2000, Rusakov 2001). An introductory analysis on the type of code mixing observed in the Romani-language conversation of the speakers of the Ajios Athansasios dialect is included in Sechidou (2005a). Following the three-fold distinction of the types of code-mixing proposed by Muysken (2000), the prevailing type in the corpus of the Ajios Athanasios dialect is by far insertion, i.e. the embedding of an alien lexical or phrasal category into the structure of L1, see example (1). Loanwords and insertions of Greek origin are marked with italics in the example and the translation.

(1) Keravas, *as pume*, džavas *stros*keravas o *krevatja*, šulaavas, *sfugaris*keravas, sora džavas andre ke *kuzina*, *voiθis*keravas andre e *majiras*ke, *ta panda*, ko xaben, *serviris*keravas lenge, *stros*keravas o *trapezja*, sare adala me keravas len.

"I did, *let's say*, I went to *make* the *beds*, I swept, *mop*ped, then I went into the *kitchen*, I *help*ed the *cook*, *everything*, the food, I *serv*ed them, I *laid* the *tables*, I did all these kinds of things."

Example (1) exhibits Greek loanwords and insertions of Greek nouns, verbs, of the discourse marker *as pume* "let's say" and the quantifier *ta panda* "everything" in the Romani matrix structure. The most interesting feature of insertion is that it involves single lexemes and allows for their morphological integration. For example all the Greek verbs in (1), e.g. *stros*-ker-av-as "laid", and the noun *majir*-as-ke "for the cook" attach Romani bound morphemes. In this way insertion is akin to lexical borrowing. A typological parameter that makes morphological integration of insertions easier and applies also to Romani is agglutinative morphology. This type of mixing pattern is very characteristic of all Greek Romani dialects, which in this way instantly integrate great numbers of Greek lexemes and at the same time maintain their structure.

3.2. Finikas Romika

Para-Romani is documented all over Europe and has very restricted functions, e.g. Anglo-Romani or Calo in Spain (Boretzky, Igla 1994, Matras 1998). Such varieties are used by peripatetic or socially isolated groups which specialise in providing particular services. The motivation for the creation of Para-Romani varieties is the need to preserve an in-group register for identifying and reinforcing group membership and for secret communication in the presence of bystanders (Matras 1998: 3).

Para-Romani varieties have been documented in different parts of Greece. In Greek literature, scanty data are given by Triantaphyllides (1924) for the Dortika variety in Evritania, Sterea Ellada, by Soulis (1929) for the Romika variety of Janina, Epirus, and by Efthimiu (1954) for a related variety nearby in Konitsa, Epirus[112]. Recent, tape-recorded documentation of a Para-Romani variety, Finikas Romika, spoken by the

---

[112] Cf. also Igla (1991), Sechidou, Tsaggalidou (2001) and Sechidou (2005b) for a further discussion of the data.

Lenderej group in Finikas (Thessaloniki), the Peloponnese and Crete is presented in Sechidou (2005b).

The group that uses Finikas Romika originates in the Peloponnese in the areas of Pyrgos and Kalamata and is quite small. Members of the group have moved to different parts of Greece, e.g. Thessaloniki, Crete and Athens. The self-appellation of the group is *Lenderej*, which is the family name of the male speakers of the group. This is not the type of name one would encounter in Romani communities speaking Romani proper (see 2.2). The male speakers are Hellenised Rom of Balkan origin who married women from different groups and brought them into their family. Greek is the all-purpose language used in the group, while Finikas Romika is used in the contexts mentioned above. The Lenderej call the secret variety they use *Romika* < *Rom* + Greek adverbial marker –*ika*. The name combines Romani and Greek morphemes and is itself a good example of the mixed type of the secret variety.

The subgroup living in Thessaloniki consists of around forty people and settled in the outskirts of the city thirty-five years ago. The general picture is that within the older generation of speakers, male speakers have no command of Romani proper, whereas their wives coming from different places speak both Romani proper (the Sepečides dialect, the Mečkarja dialect, etc.) and Finikas Romika. In this way, the group consists of speakers using only Finikas Romika and speakers who exhibit different levels of fluency in Romani proper. As a result, the Finikas Romika speakers are exposed to Romani proper to some degree.

The Finikas Romika variety is spoken by speakers of sixteen to fifty years old, i.e. by economically active members of the group. According to the speakers, the secret function of Finikas Romika is exploited in communicative situations of the public domain, when there is a need for secret communication, e.g. at the market, in hospitals, in public transportation. Finikas Romika (FR) is also occasionally used as an in-group language, when relatives from another city come for a visit, or in special social situations, such as match-making. It is infrequently used in everyday communication in interjections, e.g. *dale & dari* "mother", *cavalenes* "girls", *devla* "god", or short orders, e.g. *aveljase to ksavuno* "fetch the bucket", which are typical of such dialects and are indications of replication of Romani proper in use. Children repeat a few stereotype phrases both in Finikas Romika and Romani proper. In this way the patterns of use of Para-Romani are the reverse of those of Romani proper, as presented in the following table.

The patterns of use of Finikas Romika

private domain	*semi-public domain*	*public domain*
Greek	Greek/(Para-Romani)	Para-Romani

Finikas Romika has the typical functional and structural features of Para-Romani. Its vocabulary and morpho-syntax derive from different sources: the basic vocabulary is Romani and the grammatical structure Greek. In example (2) the elements of Romani origin are indicated by means of italics.

(2) *Dzal*izo eγo sta maγazja ke psoni*serel*jazo ja habaj. *Avel*jazi ki o *daj*s mu apo tin aγora.

"I *go* to the shops and *buy* food. My *father come*s from the market"

The sentence structure is Greek apart from certain lexical morphemes and fossilised Romani suffixes. The stem of the verbs derives from the fossilised 3rd sg. of the respective Romani verbs, e.g. *dzal* "go", *avel* "come", which attach Greek grammatical morphemes, e.g. *dzal-izo* "I go", *avel-jazi* "he comes". The nouns of Romani origin also attach Greek morphemes, e.g. Rom. *daj* "mother"> FR *daj-s* "father" with a shift in the meaning. The lack of verbs of Romani origin in Finikas Romika is compensated by a process of alienation of Greek verbs through the addition of a suffix deriving from a Romani loan verb adaptation suffix. Greek verbs add the combination of suffixes *-(s)–er-el-*, e.g. *psoni-s-erel*-jazo "buy"<Gr. ψωνίζ- "buy". The Romani vocabulary of Finikas Romika derives from a Balkan dialect, as it is evident by specific phonological features, such as in *mando* "bread", *dive* "day", *panjori* "water", etc., specific words such as *tereljazo* "have", *rutuni* "nose", etc. and morphological features such as the fossilized long form of the 3rd sg. of Romani verbs in *-ela*.

The creation of Finikas Romika and Para-Romani in general are the result of *language shift* by Rom communities towards the majority language (Boretzky 1985, Boretzky, Igla 1994, Matras 1998, 2000, 2002). Matras argues that this language shift is followed by *selective replication* of Romani proper in use, in order to create an in-group, secret code. The sociolinguistic and linguistic features of Finikas Romika support the proposal for the creation of Para-Romani through the procedures of language shift and selective replication. It should be also noted that the Romani vocabularies are embedded into non-standard varieties of the majority language that absorbs them (Matras 1998: 10). The Greek component of Finikas Romika is based on a variety of Greek that exhibits dialectal features of the Peloponnese, e.g. dialectal words as *mbunora* "early", *konaki* "house" and phonological and morphological features, e.g. development of *–n(V)-* in the accusative of nouns and pronouns, e.g. *ton gadzo-ne* "the Rom (sg.)", *aftu-nu-s tus gadzeus* "these Rom (pl.)".

The main function of Finikas Romika for secret communication becomes evident in the application of strategies for enriching their vocabulary and bypassing mainstream communication, such as phonological modification (Burridge 1998: 42). In phonological manipulation camouflage suffixes of Romani origin are applied to Greek nouns and verbs. The camouflage suffix applied to nouns is *-akál(u)*, which is a grammaticalised form of the pl. *akala* of the demonstrative *akava* and has also the shorter variant *–alu*. The suffix *-alu* is applied, except for nominals, notably also to the Greek negative particle όχι> FR *oxálu* "no". The camouflage suffix is applied to the stem of the nouns and gender and number marking is conveyed by the article, e.g. Gr. τσαντίρ-ι "tent"> cantir-akal "tent", Gr. τραπέζ-ι "table"> trapez-akalu "table". The camouflage suffix applied to verbs is *-(s)–er-ela*, see above in (2).

These structural camouflaging devices show that Para-Romani has a structural affinity to other secret jargons. Para-Romani shares common functions with secret jargons, but should be distinguished from certain slangs that draw on Romani vocabulary and are used by non-Rom. Such an example in Greece is the gay slang of Kaljarda, which also draws on French vocabulary (Petropoulos 1971). Romani lexical items are found in many secret jargons, spoken in the whole of Europe, due to contacts among marginalised groups and the advantage that Romani has in this case by not being intelligible to the majority population, e.g. the Serbo-Croatian slang called *šatrovački* (Cortiade 1991), the gay slang of Istanbul, cf. Bakker (2001).

4. CONCLUSIONS

The great variety of self-appellations presented in section (2.2) reveals different aspects of the history and culture of the numerous Romani groups in Greece. The Greek exonyms, on the contrary, show that the Rom are usually perceived as a homogenous population by the Greeks. The various group names and dialect names are indicators of the diversity within the Romani population, which is defined by the different migratory routes, the distinct varieties or dialects, the religion, the occupations, etc. This diversity is not an obstacle to the use of the ethnonym *Rom* and the glossonym *Romani* as cover terms by Rom and non-Rom in Greece and Europe. It is interesting that these terms have recently acquired an additional symbolic function in the context of the European Union policies on minorities and minority languages.

Moreover, the Balkan dialects in Greece, briefly discussed in part (2.1), show a remarkable degree of inherited variation, which probably relates to the fact that the area of what is today Greece represents the centre of diffusion of Romani dialects in medieval times. The Balkan Romani dialects in Greece display the whole range of variants available in Romani, in cases where other dialects have selected and generalised one variant, e.g. the preservation of *–iben/ ipen* and *–ima* in the Ajios Athanasios dialect, the preservation of virtually all the loanverb adaptation markers in Parakalamos and Kalamata. On the other hand, the Vlach varieties of northern Greece also display an interesting combination of Vlach and non-Vlach features.

With regard to the use of Romani in Greece, we can conclude that the Romani dialects of Greece are still transmitted normally to the next generation and are used in the private and semi-public domain of communication. Some of the older Balkan groups shifted to Greek and created secret codes with restricted functions, based on Romani vocabulary. The three Para-Romani varieties documented in Greece are not included among the dialects of Romani proper, since their morphosyntax derives from Greek.

ABBREVIATIONS

A.A.	Ajios Athanasios dialect
A.V.	Ajia Varvara dialect
Fic.	Ficirkane
FR	Finikas Romika
Gr.	Greek
Ital.	Italian
Rom	Romani

Le nom des langues II. Le patrimoine plurilingue de la Grèce
(sous la direction d'E. Adamou), Louvain, Peeters, BCILL 121, 2008, p. 107-132.

SLAVE

Evangelia Adamou
Lacito, CNRS, France

Georges Drettas
LMS, CNRS, France

RÉSUMÉ : *Après un aperçu de la slavophonie en Grèce, dans la première partie on souligne les identifications plurielles et dynamiques des citoyens grecs slavophones. Les glottonymes sont abordés du point de vue historique et contemporain (partie 2 et 3), exogène et endogène, en focalisant moins sur l'étymologie que sur les contenus sémantiques. Dans les deux dernières parties on présente la situation linguistique et sociolinguistique des variétés slaves en Grèce moderne.*

0. REMARQUES LIMINAIRES

Nous rassemblons ici sous l'appellation « slave » un certain nombre de parlers locaux apparentés génétiquement et liés par une histoire partagée. Un tel regroupement ne correspond pas à l'idée que les locuteurs concernés se font de leur appartenance linguistique, qu'ils conçoivent essentiellement en référence à la variété parlée au sein de la communauté très délimitée du village.

Il faut noter d'emblée qu'en Grèce la slavophonie n'a jamais été limitée aux populations d'ascendance slavophone : c'est ainsi que, traditionnellement, des Aroumains pratiquaient des parlers slaves et que, plus récemment, de nombreux réfugiés Pontiques ont appris les parlers slaves locaux lors de leur installation en Grèce du nord ; enfin, les Rom connaissaient entre autres les chants traditionnels slaves. Ce type de mutlilinguisme fait la spécificité de l'aire balkanique et a souvent illsutré le concept de *Sprachbund*[113]. Il ne faudrait donc pas perdre de vue cet aspect au profit d'une approche contemporaine déterminant a posteriori des groupes ethniques en se fondant sur la pratique d'une langue donnée.

Les conditions sociolinguistiques actuelles suggèrent de répartir les différents parlers slaves en deux ensembles : d'un côté les variétés de moins en moins parlées par des citoyens grecs de confession chrétienne orthodoxe ; de l'autre les variétés pratiquées par des citoyens grecs de confession musulmane, appartenant à la minorité musulmane de Grèce.

Au sein des deux grands ensembles proposés on peut isoler des communautés slavophones aux parcours originaux : il existe par exemple en Thrace un petit nombre de locuteurs de confession orthodoxe qui s'identifient comme bulgarophones et qui se sont installés dans la région lors de l'occupation bulgare (1941-1946). On peut signaler également des populations qui ont émigré de l'actuelle Ancienne République Yougoslave de Macédoine vers la Mer noire au début de l'Empire ottoman et qui se sont installées dans le nord de la Grèce et en Thrace lors de la chute de cet empire[114].

Les slavophones chrétiens sont actuellement bilingues, parlant le grec et une variété slave locale. Dans la plupart des cas, la variété slave est en voie de disparition au profit du grec. La situation sociolinguistique varie cependant d'une région à l'autre et, d'après les chercheurs qui se sont intéressés à ces régions, la slavophonie est plus dynamique dans les villages et les villes proches de la frontière entre la Grèce et l'Ancienne République Yougoslave de Macédoine.

Les slavophones musulmans, regroupés essentiellement en Thrace[115], sont rarement monolingues (variété slave locale pour les plus anciens, souvent des femmes) et le plus souvent trilingues (variété slave locale, turc et grec). Dans certains villages, mais aussi parfois selon le choix des familles, la variété slave locale n'est plus transmise, et l'on trouve de jeunes bilingues ayant le turc comme langue première et le grec comme langue seconde, sans connaissance du slave local. On considère généralement que les zones de montagne (Rodhopes) sont plus slavophones que la zone de la plaine côtière (on y trouve d'anciens montagnards ayant émigré, souvent par villages entiers, vers la plaine et ayant alors abandonné leur parler slave au profit du turc ; cet abandon est donc associé à la modernité et la réussite matérielle). Cependant, la zone montagneuse du département de Komotini est considérée comme moins slavophone

---

[113] Cf. Lexique, *Sprachbund*.
[114] Alexandra Ioannidou (c.p.) et Leonidas Ebirikos.
[115] On signale par exemple leur installation à Athènes.

comparativement à la zone montagneuse du département de Xanthi ; il est toutefois difficile d'apprécier la situation réelle dans la région de Komotini, pratiquement « interdite » aux enquêteurs.

La situation spécifique de la communauté musulmane de Thrace résulte de dispositions particulières du Traité de Lausanne (1923). Les musulmans de la région ont en effet été exemptés de l'échange obligatoire de populations entre la Grèce et la Turquie. Le Traité fait état d'une minorité *musulmane* de Thrace occidentale, le critère religieux étant conforme à l'organisation de l'Empire ottoman en millets. Cette population est composée de divers groupes de langues premières différentes et aura droit à une éducation bilingue en grec et en turc. En 1954, l'État grec introduit la notion d'écoles turques (cf. Michail 2003a), prélude à la redéfinition des populations concernées en tant que membres d'une minorité *turque*. Cette modification de la part de l'État grec doit se comprendre dans le cadre politique d'amitié gréco-turque de l'époque, mais aussi par le fait, qu'après l'occupation de la Thrace par la Bulgarie pendant la deuxième guerre mondiale et les drames de la guerre civile, il fallait éviter la caractérisation des populations locales par leur bulgarophonie et leur slavophonie, une équation slavophone et procommuniste étant alors couramment établie dans les esprits. Dans le cadre historique plus général cette redéfinition actuellement revendiquée par une partie de la minorité et l'État turc mais pas par l'État grec marque le passage d'une organisation en groupes religieux vers une organisation en groupes nationaux.

Il faut aujourd'hui ajouter à ces locuteurs traditionnels, des slavo-phones récemment immigrés, avec la fin des régimes communistes, population qui n'est pas prise en compte dans ce travail ; toutefois l'impact de cet afflux de locuteurs sur la vitalité des variétés slaves traditionnelles sera intéressant à suivre. De même, l'ouverture des frontières (par exemple l'introduction de la Bulgarie dans l'espace Schengen en 2007) et la réouverture des routes reliant les deux pays sont déjà en train de modifier les réseaux communicationnels et auront des répercutions sur les pratiques et les représentations linguistiques des slavophones de Grèce[116].

---

[116] Il faudra suivre de près l'évolution de la situation sociolinguistique pour voir si l'impact portera sur le maintien des parlers locaux ou si il y aura uniquement emploi des standards macédonien et bulgare.

Carte 6 : Les principaux lieux d'enquête des auteurs
(Hrisa, Liti, région de Xanthi et d'Evros)

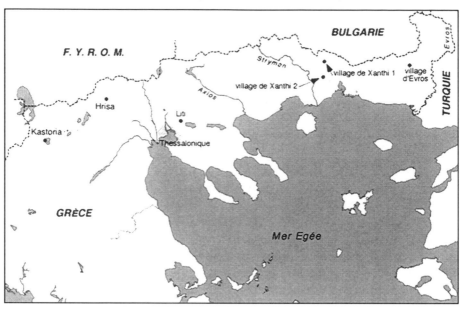

(Carte réalisée par L. Venot)

1. IDENTIFICATIONS PLURIELLES

Pour essayer de comprendre la situation de ces parlers slaves et surtout celle des locuteurs, il peut être utile de se référer aux travaux sur le bilinguisme menés entre autres par Hamers, Blanc 1983 ou par Lüdi, Py 1995. Selon ces approches, on doit considérer les identifications des individus selon différents critères tels que la langue ou les langues parlées, la religion, l'appartenance ethnique, la catégorie sociale, l'appartenance politique, le territoire, les coutumes, etc. Les individus peuvent s'identifier à différents groupes, se forgeant donc une identité complexe. Ils peuvent privilégier l'un ou l'autre aspect de leur identité selon les situations, ce qui signifie que leurs références sont dynamiques.

S'agissant des slavophones musulmans, par exemple, différentes identifications peuvent être recensées : langues (trilinguisme slave local, turc et grec ou bien focalisation sur l'une de celles-ci) ; religion musulmane (signalons la tension entre courant sunnite et shiite, ainsi qu'entre laïques et religieux) ; appartenance à la minorité musulmane de Grèce ; citoyenneté grecque ; provenance de tel village ; catégories sociales diverses ; homme ou femme, etc. Le fait de parler une variété de slave est généralement un élément d'une certaine portée au sein de la minorité, mais la religion est le critère d'identification le plus important, aussi bien à l'intérieur qu'à l'extérieur de la minorité. Toutefois, les slavophones musulmans de Grèce lorsqu'ils sont en Allemagne ou en Turquie s'auto-identifient et sont identifiés par les autres par leur nationalité grecque (c'est ce qu'indique leur passeport bien entendu, mais leur compétence réduite en turc – par rapport aux turcophones de langue première - est également un indice de leur situation particulière).

Pour le groupe de slavophones chrétiens orthodoxes, l'identification a varié selon les époques et elle varie toujours selon les régions, les familles, les appartenances politiques, etc. Toutefois, on peut tenter de généraliser en disant que l'identification primordiale s'exprime actuellement en termes de citoyenneté et de religion, même si les critères politiques, linguistiques et culturels peuvent prendre une grande importance (cf. Cowan 2001).

En termes d'identification, pour ces deux groupes, le fait de parler une variété de slave n'a été qu'un critère secondaire au 20e siècle, l'appartenance étant essentiellement déterminée par la religion ou la citoyenneté. A chaque communauté ainsi définie devait correspondre, dans un souci d'homogénéité idéale, une langue qui symbolise l'appartenance citoyenne ou la communauté religieuse : le grec pour les chrétiens ; le turc pour les musulmans. Ces langues se sont donc imposées dans les usages publics et privés, réduisant les parlers slaves locaux à l'état de langues menacées de disparition. Ces tentatives d'homogénéisation linguistique de groupes initialement définis par des critères non linguistiques, sont en grande partie responsables de la situation actuelle, mais on ne peut pas négliger pour autant les critères sociologiques qui gouvernent les choix des locuteurs, en termes de projet d'intégration et de réussite sociale, d'anticipation des nouveaux rapports sociaux et donc d'emploi et de transmission aux enfants de la langue jugée la plus utile selon la situation locale.

2. LES DÉNOMINATIONS : APPROCHE HISTORIQUE

Il y a eu et il y a encore débat sur les conditions sociales et historiques expliquant la présence et le maintien des parlers slaves dans la région ; les positions sont largement influencées par des facteurs politiques et le point de vue national adopté (rappelons les tensions politiques de 1992 entre la Grèce et l'Ancienne République Yougoslave de Macédoine ou les tensions existant aujourd'hui encore au sein de la minorité musulmane de Thrace). Il n'est pas possible de décrire ici les enchaînements historiques complexes qui ont conduit à la situation actuelle et on renverra le lecteur aux ouvrages des historiens spécialisés et des balkanologues (entre autres Mazower 2001, Maligoudis 1997, Ware 2002).

Notons seulement que pour de nombreux chercheurs, l'implantation locale des parlers slaves est contemporaine de ce qui est communément décrit comme « la descente des populations slaves » dans les Balkans aux 6ᵉ et 7ᵉ siècles (Lemerle 1979 ; 1981). L'espace géographique considéré faisait alors partie de l'Empire byzantin, qui céda la place au 15ᵉ siècle à l'Empire ottoman. Dans ces deux vastes empires, les populations slavophones ont pu trouver leur place, conserver leurs coutumes, leur parler slave (complété selon les besoins par la connaissance des langues véhiculaires grecque et turque ou, selon les régions, d'autres langues comme l'albanais) et acquérir une identité religieuse (chrétienne orthodoxe, musulmane ou catholique).

Pour les slavophones de Thrace, la question de l'origine est plus complexe et la thèse défendue dépend essentiellement de l'origine des scientifiques : Bulgares, Turcs et Grecs ont leur propre version des faits et par conséquent nous renvoyons le lecteur à la bibliographie existante.

Il convient de préciser très succinctement l'origine des glottonymes qui apparaîtront dans les discours nationalitaires du 19ᵉ siècle. Dans les sources byzantines (voir *Fontes Historiæ Bulgaricæ*, IX et XIX, 1965) apparaissent les ethnonymes σθλάβος ou σκλάβος « slave » avec le terme Σκλαβινία « Sklavinie, zone habitée par des Slaves ». La variante orthographique σθλ- / σκλ- reflète sans aucun doute une prononciation particulière du groupe consonantique *sl-* initial, dans le vieux-slave de l'époque, du 7ᵉ au 10ᵉ siècle. En vieux-slave (vieux bulgare et slavons d'église) l'alternance vocalique *slov-* / *slav-* est attestée. Ce fait permet d'expliquer l'ethnonyme *slovjane* / *slavjane* à partir du terme *slovo* « mot, parole, logos, etc. » et de ses dérivés comme, par exemple, *slovesnu* « capable de parler »[117]. Les « Slaves » sont donc les êtres doués de parole intelligible. On remarque que cette dénomination sociétale ne correspond pas à un glottonyme spécifique. Dans *Les miracles de St Demetrius* (aprox. fin 7ᵉ siècle) on trouve la même approche des langues en fonction des groupes : « sachant bien notre langue ainsi que celles des Romains[118], des Sklaves et des Bulgares » passage commenté par Oikonomidès comme

---

[117] D'autres analyses ont été proposées, comme par exemple une origine géographique.

[118] Il existe un débat à propos du référent de ces dénominations : P. Lemerle (1981) traduit « Romains » par « Grecs » ne pouvant ainsi interpréter « notre langue » qu'il qualifie d'« expression maladroite de l'auteur ». Il soutient que dans les textes le terme « Romains » se réfère toujours aux « Grecs ». N. Oikonomidès (2005) traduit « la langue des Romains » comme étant le latin ; « notre langue » étant ainsi réservé au grec.

suit : « dans ce texte qui fait très clairement la distinction entre les diverses langues, y compris le slave et le (proto)-bulgare (d'origine turque) de l'époque ... » (Oikonomidès 2005 : 12). Dans cette même source hagiographique, les peuples slaves installés à Byzance sont différenciés davantage les uns des autres soit par des noms de groupes, comme les « Drogoubites », soit par référence à leur localisation géographique, à savoir les « Slaves du Strimon ». Ils entretiennent des rapports différents avec l'Empire, certains étant sédentarisés et en bons termes avec l'Empire et d'autres participant à des raids souvent aux côtés des proto-Bulgares. Dans le récit de Jean Caminiatès qui date du début du 10e siècle[119] on retrouve ces deux types d'appellation : l'une générale (*Sklavenes*) et l'autre spécifique (*Sagoudatoi, Dragoubitai*).

Le terme *balgar* (en russe : *bolgar*) est initialement un ethnonyme qui se réfère soit à un groupe turcique de la Volga correspondant aux *Chuvash* actuels, soit au petit ensemble qui s'était installé à la fin du 7e siècle au débouché du Danube (Pliska, Durostorum, etc.). Selon la vulgate nationaliste bulgare, les « proto-Bulgares » auraient fondé, en 681[120], un État opposé aux Byzantins fédérant certains groupes slaves et les groupes turciques qui constituaient la couche militaire. En fait, le petit groupe turc s'est totalement assimilé à la population slave qui s'était installée au nord et au sud du Danube[121]. La conversion des Slaves balkaniques au christianisme orthodoxe s'est réalisée au 9e siècle et ce processus a vu la cristallisation référentielle du terme « bulgare »[122] qui en vint à désigner un territoire ecclésiastique, une métropole et, subsidiairement, la formation politique qui correspondait à ce domaine. On constate que l'établissement des éparchies ecclésiastiques constituant l'église bulgare (même dans des régions où la population était mélangée : grecque, albanaise, valaque et bien sûr bulgare) a favorisé l'usage du terme et cela, jusqu'au début du 19e siècle (cf. *Fontes*, 1965).

---

[119] Dans Odorico 2005 : 63.

[120] Les historiens tentent de démontrer l'existence antérieure de cet État.

[121] Tout au long du Moyen-Âge, des populations turciques, venues du Nord-Est, ont pénétré dans les Balkans. Mais comme les proto-Bulgares, elles ont disparu en ne laissant que quelques traces toponymiques. C'est le cas des Kumanes ou des Petchénègues (cf. Lexique). Seuls les Turcs islamisés se sont fixés durablement dans la péninsule.

[122] Dans le texte de Caminiatès, datant du début du 10e siècle, on trouve l'appellation *Scythes* selon l'habitude byzantine de nommer des populations contemporaines par des termes archaïques (Odorico 2005 : 64). *Scythes* désignait pour les Byzantins les peuples nomades mais Caminiatès fait référence aux Bulgares.

La mission effectuée au 9ᵉ siècle par Cyrille (Constantin le Philosophe) et son frère Méthode avait fait passer à l'écrit une variété de vieux-slave (ou vieux-bulgare) créant ainsi une langue liturgique dont les adaptations locales porteront le nom de « slavons » (slavon russe, serbe, moldo-valaque, etc.). Tel ou tel texte médiéval signalera la « langue des Bulgares » (désormais faisant référence à la langue slave), celle des « Serbes » ou des « Russes ». L'usage des variantes liturgiques fait obstacle à l'établissement d'une relation précise, du point de vue morphologique et sémantique, entre les ethnonymes et les glottonymes. Dans ce cas, la dénomination locale (région, zone, microrégion) est dominante. Les pratiques langagières manifestent une très forte autonomie des vernaculaires par rapport aux *langues sacrées*, qui fournissent le plus souvent les bases de la *scripturalité*. Toutes les communautés religieuses ont connu cette situation de polyglossie durable. L'Empire ottoman a développé le système des *millet* ou groupes confessionnels organiques, qui a renforcé les clivages polyglossiques.

Dès la fin du 18ᵉ siècle, on trouve dans le *Lexicon Tetraglosson de Daniil* (Ničev 1977) l'emploi du terme bulgare, *vulghariki*, pour dénommer la variété slave de la *Macédoine* qu'il transcrit (avec le grec *romeika*, l'aroumain *vlahika de Moisia* et l'albanais *alvaniki*). Cette dénomination est une appellation savante, l'auteur étant un prêtre (d'origine aroumaine) qui dédie son ouvrage au métropolite exarchiste[123] de l'église « bulgare de Macédoine ».

La modernisation socio-économique de l'espace ottoman s'est réalisée dans une série d'interactions avec les Européens, les Russes et, subsidiairement, les Américains, à la fin du 19ᵉ siècle. La tradition culturelle des Européens a imposé aux pays ottomans des nomenclatures exogènes, dans tous les domaines (géographie, anthroponymie, ethnonymes, religion, etc.). Dans cette dynamique, on constate deux phénomènes fondamentaux qui marquent la société ottomane et les formations post-ottomanes. Le premier phénomène est l'importance que prennent les vernaculaires dans la conception et la pratique de la littéralité ; le second, qui relève du symbolique, est la création de glottonymes, exogènes et endogènes, par les mouvements nationalitaires, qui s'étaient développés au sein des *millet*.

C'est dans ce cadre que s'est réalisé le passage à l'écrit des variétés locales de l'ensemble qui sera étiqueté, désormais, « langue bulgare », par

---

[123] Il s'agit bien entendu du titre de l'unité territoriale de l'église rattachée au Patriarcat de Constantinople et non pas de l'« Exarchat » bulgare créé par le gouvernement ottoman en 1870 ; cf. Lexique, *Exarchat*.

opposition au serbe, russe, ukrainien, slovène, etc. La création d'une millet bulgare spécifique, en 1870, renforcera l'usage du facteur « langue » dans les définitions ethniques du mouvement nationalitaire bulgare.

Dans une première phase, qui dure de 1878 (indépendance de la Principauté de Bulgarie et de la Roumélie Orientale, réunies en 1885) à Septembre 1944, on voit s'opérer le processus de légitimation étatique de la langue nationale sans que la question de son « unité » soit explicitement posée. À la conception jacobine de la langue nationale uniforme, d'inspiration française, est associée l'usage, allemand celui-là, de déterminer l'appartenance ethnique et/ou nationale par la langue parlée, quelle qu'en soit la variété reconnue. Pour les nationalistes bulgares, le locuteur d'un dialecte appartenant à l'ensemble étiqueté « langue bulgare » est par là même membre de la nation en devenir (pour un parcours détaillé du processus identitaire et onomastique au 20ᵉ siècle, voir Seriot 1997).

Dans ce contexte, la réponse grecque à la pression du mouvement nationalitaire bulgare s'est constituée sur deux fondements pratiques. Le premier, d'ordre purement politique, met en avant le choix individuel ou collectif dans l'assignation d'une appartenance ethnique et nationale, pour laquelle la langue parlée ne constitue en aucun cas un critère fondamental. Le second, d'ordre symbolique, consiste à jouer sur les dénominations des objets en cause, glottonymes et toponymes.

L'expression *bugarski* « langue bulgare » prendra quelque réalité sémantique avec les écoles bulgares qui ont fonctionné dans un certain nombre de villages et de villes (comme par exemple à Salonique ou à Edhessa/Voden). Le renforcement du réseau des écoles grecques, destinées dans un premier temps (de 1913 à 1923) aux chrétiens locaux, a également favorisé la circulation des diverses nomenclatures glottonymiques. Dans la terminologie grecque, l'étiquette *vulgharika* « bulgare » a été remplacée par celle de *makedhonoslaviki* « slave-macédonien », qui figure dans le recensement de 1928, en s'appliquant aux départements de la Macédoine occidentale, Kastoria, Florina et Pella. Le terme « bulgare » était alors toujours utilisé pour la Macédoine orientale, Serrès et Drama, et pour la Thrace (Xanthi, Komotini, Rodhope). En effet, dès la fin de la Première Guerre mondiale en Grèce, les appareils idéologiques d'État travaillent à identifier une entité régionale proprement « macédonienne ». Les populations non grécophones de l'ensemble parlent diverses langues : turc, albanais, aroumain, judéo-espagnol, romani, etc. Ce que l'on appellera désormais le « slave macédonien » (en grec : σλαβομακεδονικά) s'ajoute, bien évidemment, à cet ensemble. Mais le *slavomacédonien* qui refoulait la bulgarophonie importune du début du 20ᵉ siècle a contribué, involontairement, à la mise en place d'une nouvelle problématique. La lutte armée des partisans yougoslaves contre l'occupation allemande et bulgare (1941-1944) allait aboutir à la création de la Fédération socialiste yougoslave. Cette dernière s'accompagnait de la revendication d'une nation « macédonienne », base d'une entité territoriale du même nom. La nation ainsi baptisée devait avoir une langue spécifique portée à l'écrit. C'est le « macédonien littéraire », fondé sur les dialectes locaux du triangle Veles-Prilep-Bitola.

Vis-à-vis de la Grèce, l'irrédentisme des Macédoniens yougoslaves s'est ajouté au nationalisme bulgare. La dénomination des variétés linguistiques slaves présentes en Grèce du Nord est devenu un enjeu symbolique très important en raison de sa référence conflictuelle.

3. LES DÉNOMINATIONS ACTUELLES[124]

Jusqu'à aujourd'hui, la dénomination des dialectes slaves de Grèce reste chargée de connotations politiques. Les dénominations exogènes des parlers des slavophones chrétiens sont aujourd'hui entièrement fondues dans celles des langues nationales voisines (bulgare et macédonien) et, sans doute pour cette raison, passés sous silence au sein de l'État grec. On présente plus loin en détail les dénominations endogènes qui montrent une nette tendance d'individuation.

Les parlers des slavophones musulmans sont d'une part établis dans les dénominations exogènes et endogènes comme *pomaques* (sans que les locuteurs ou les autres puissent toutefois définir ce terme) alors qu'ils sont omis par les représentants de la minorité qui soutiennent que le turc est la véritable et unique langue de ses membres.

Parmi les dénominations et découpages exogènes on peut citer celui du European Bureau for Lesser Used Languages[125] qui distingue deux langues : le macédonien et le pomaque. D'autres rapports dans le cadre de la Communauté Européenne distinguent bien ces deux langues mais l'une

---

[124] Les données présentées ici résultent d'enquêtes de terrain effectuées par les auteurs. Tant du point de vue de la localisation que de celui de la chronologie relative, les enquêtes des auteurs sont différentes. Ainsi, G. Drettas avait commencé son enquête en 1972, dans la région de Edhessa. E. Adamou s'est occupée de la région de Salonique à partir de 2002, soit près de trente ans après le début de la première enquête. E. Adamou a continué son étude en abordant la zone rodhopéenne, en Thrace grecque (enquêtes effectuées en 2005, 2006 et 2008 avec le soutien financier du laboratoire Lacito, CNRS).
[125] Cf. Lexique, *BELMR*.

est appelée « (slave) macédonien, bulgare », l'autre « pomaque »[126]. Les linguistes Bulgares ne reconnaissent qu'un continuum de dialectes bulgares alors que les linguistes de l'Ancienne République Yougoslave de Macédoine distinguent des dialectes macédoniens et bulgares.

De manière générale, avant les mouvements nationalitaires du 19e siècle la question de la langue et sur la langue ne se pose pas à l'intérieur des communautés linguistiques des villages. En un mot, le vernaculaire va de soi et les langues désignées en tant que telles sont le grec, ecclésiastique puis scolaire, et le turc, langue de l'administration de l'empire. Au 20e siècle, l'installation des réfugiés d'Asie Mineure, de Thrace orientale et de Bulgarie a créé une dichotomie nouvelle au sein des populations de la Grèce. Les nouveaux venus étaient qualifiés de *prosfijes* « réfugiés », terme commun à la nomenclature officielle ainsi qu'au discours ordinaire. Les populations déjà présentes sur les territoires grecs seront appelées *ntópji* « locaux, autochtones ». Dans un contexte de tensions fortes entre les groupes mis en présence par le déplacement des Grecs d'Asie Mineure, il fallait éviter que l'épithète de *vulgharos* « bulgare » soit appliquée à quelque citoyen grec que ce soit, sinon en fonction d'injure. Tout naturellement, le nom neutre pluriel correspondant à *ntopjos* « local, autochtone », à savoir *ta- ntopika / ntopja* servira de base pour créer un nom de langue pour désigner « le parler local », c'est-à-dire le dialecte slavo-macédonien de la nomenclature officielle.

Du point de vue sémantique, on observe une labilité référentielle directement reliée, semble-t-il, à un effet de trope. Dans l'énonciation, il sera possible de jouer avec les connotations de la nomenclature.

Dans le dialecte régional, donc, on peut affirmer, questionner ou nier du fait que l'on parle le vernaculaire par l'énoncé :

làfam tukáʃno
1/ V « parler » imperfect., 1p. sing. prés. 2/ N adj. « ici, d'ici », neut. sing.
litt. « je parle d'ici » (exemple de Hrisa ou de Edhessa).

On voit que cette formule syntaxique est structurellement très proche de la forme grecque citée plus haut.

Les appellations insistant sur la localisation se rencontrent pratiquement dans tout l'ensemble slave, musulman ou orthodoxe (les

---

[126] Etabli en 2002 par le CIEMEN (Centre Internacional Escarré per a les Minories Ètniques i les Nacions) pour le Directorate-General for Research of the European Parliament. Document disponible sur www.kemo.gr

exemples sont tous en grec, construits à partir du nom du village : *sohina* « celle de Sohos », etc.). Pour les locuteurs la référence à la variété du village est importante, ils sont sensibles aux différences dialectales et les revendiquent : « on parle différemment au village d'à côté ». Les évaluations des parlers voisins sont toujours négatives[127] : « oui, ils parlent pomaque mais ils le parlent un peu de travers (rires) » ; « dans le village X on parle de façon plus lourde ». Ces différences dialectales perçues peuvent être associées à d'autres éléments culturels spécifiques : dans l'ensemble pomaque les particularités villageoises intègrent à la fois des caractéristiques linguistiques et des différences portant sur les vêtements, les motifs du henné, etc.

Un autre type de dénomination courant dans l'ensemble slave de Grèce (chez les chrétiens et les musulmans) consiste à parler de « la nôtre » ou de « les nôtres ». Différents chercheurs témoignent d'emplois du type « notre langue » (Cowan 2001, Monova 2007). A Liti, près de Salonique, on note deux possibilités : la forme *nash-ta* et la forme *nash-te* ; il s'agit de deux possessifs qui incluent déjà l'article défini (-*ta* ou -*te*), auquel les informateurs ajoutent souvent un deuxième article défini, ce qui montre que ce syntagme est figé, qu'il fonctionne comme un nom et qu'il a le statut d'une dénomination : *nashta-ta* « la la-nôtre » *nashte-te* « les les-nôtres ». Dans les deux cas, le possessif suit le modèle grec de dénomination des langues : il peut être au féminin singulier, sur le modèle du nom grec *ghlosa* « la langue » et non pas du *zik* « langue », par ailleurs utilisé dans cette variété ; il peut correspondre au pluriel neutre employé pour nommer les langues en grec (ex. *ta anglika* « l'anglais (pl.) »*, ta ghalika* « le français (pl.) ») et les informateurs le traduisent en grec par *ta dhika mas* « les nôtres = la nôtre ».

La référence à la localité et l'emploi d'un possessif sont certes des façons de ne pas poser d'étiquette trop spécifique sur une réalité problématique. Ne pas utiliser de glottonyme spécifique permet notamment d'éviter le caractère dévalorisant que des dénominations « bulgare » ou « macédonien » ont fait, ou font, peser sur les parlers slaves de la Grèce du Nord. Bien souvent en effet, dire à quelqu'un que sa langue première est une variété de bulgare correspond à une volonté implicite de minimiser son degré de « grécité ». On rappellera que les discours de catégorisation nationale ont été abondamment utilisés par la droite grecque, dans des périodes qui ont fortement marqué les esprits, qu'il s'agisse de la guerre

---

[127] Voir aussi Botsi E., « Arvanitika » dans le présent volume.

civile (1946-1949) ou de la dictature des colonels (1967-1974)[128]. C'est sans doute dans cette perspective que les locuteurs vont jusqu'à désigner leur parler par le défini seul ou un démonstratif : *esi pu ta kseris afta ?* « et toi, comment tu connais ça » ?

Les locuteurs natifs se sont défendus contre la rhétorique agressive de l'hétéronymie en refusant de jouer le jeu des catégorisations ethniques et/ou nationales tout en soulignant le fait que la langue première fondait avant tout l'identification à la communauté locale. Or, cette communauté villageoise ne se définissait pas dans un cadre de référence national. L'appartenance villageoise (voir aussi Michail 2003b) relève en grande partie aujourd'hui encore d'un système de microrégions où se dessinent les réseaux matrimoniaux fonctionnels. L'identité villageoise est extrêmement forte et les populations slavophones partagent ce trait culturel avec tous les autres groupes de la Grèce rurale et plus largement des Balkans[129]. Dans ce cadre, l'expression « notre langue » ne constitue pas seulement un processus de masquage d'une réalité problématique, mais elle souligne l'enracinement de la langue dans un espace villageois dont elle ne représente que l'un des attributs.

L'ensemble slavophone musulman touche de façon inattendue la question du nom de la langue. D'après l'enquête de E. Adamou (2005-2007), le terme *pomatsko* « pomaque » est employé couramment avec des personnes étrangères à la communauté mais aussi à l'intérieur de celle-ci. Au lieu de reprendre ici les étymologies souvent fantaisistes proposées pour le *pomaque* (et toujours chargées idéologiquement) on préfère tenter de saisir son sémantisme actuel, entreprise qui s'avère assez complexe. En effet, pour une partie des locuteurs, le terme intègre spécifiquement les traits de religion et de slavophonie et se limite géographiquement aux montagnes rhodopéennes, mais pour d'autres, le *pomaque* dépasse les frontières des Rodhopes et s'applique à d'autres groupes musulmans slavophones des Balkans. Pour d'autres pomaquophones en revanche, le critère religieux ne semble pas pertinent et ils s'appuient sur la slavophonie orale, sans statut, qui s'oppose aux langues qui disposent d'un nom, comme le bulgare ou le *skopjana* « langue de Skopje » — comme est désignée de

---

[128] Durant la période évoquée, les organisations paraétatiques faisaient des campagnes d'abandon de langue dans certaines zones slavophones de la Macédoine grecque. Cela consistait à faire jurer à la population d'un village de ne plus s'exprimer dans le dialecte local.

[129] Il existe dans les Balkans des groupes nomades tels les Sarakatsanes (Karakatchani) ou des groupes Rom, qui n'étaient pas reliés à un habitat villageois défini mais qui possédaient une identité aux contours très nets.

manière péjorative le macédonien parlé dans l'Ancienne République Yougoslave de Macédoine.

Pour les personnes extérieures à la communauté, le pomaque reste insaisissable bien que le terme soit assez répandu : bien souvent, on pense que c'est une variété du turc (sans doute en simplifiant le trait de la religion ou en adoptant l'image « officielle » de la minorité) ; on peut l'associer à une composante géographique (Rodhopes, zone montagneuse) ; mais on peut aussi l'utiliser pour qualifier une communauté fermée, ayant des habitudes vestimentaires particulières (même si le référent est par exemple une communauté de Rom orthodoxes installée à Athènes). Des études plus poussées seraient nécessaires pour saisir toutes les valeurs d'un terme finalement opaque.

Enfin, on doit signaler la politique menée par les représentants de la minorité qui consiste à ne jamais nommer la langue. Ainsi, dans un texte rédigé en avril 2006 pour protester contre la parution de contes pour enfants en pomaque, aucune référence n'est faite à ce dernier, conformément à l'esprit du texte entier qui vise à nier l'existence même du pomaque, la thèse défendue dans le texte étant que le turc est la langue maternelle de tous les membres de la minorité musulmane.

4. LES VARIÉTÉS SLAVES DE GRÈCE

4.1. Dans l'espace et dans le temps

Les parlers slaves de Grèce appartiennent aux variétés du Sud. Les dialectologues subdivisent traditionnellement l'ensemble « bulgaro-macédonien » en dialectes occidentaux et dialectes orientaux, séparés par ce qu'on appelle la *jatovata granica*, la « limite du *jat* », qui correspond à peu près en Grèce à la frontière naturelle du fleuve Strimon (voir carte). Il s'agit d'une différenciation d'ordre phonétique : l'ancien *ě* a évolué en *e* dans les dialectes occidentaux alors que dans les dialectes orientaux *e* et *ja* alternent selon les contextes. Cette frontière traditionnelle peut toutefois être affinée par d'autres critères, syntaxiques et morphologiques, et donner lieu à une répartition dialectale plus complexe accentuant davantage son hétérogénéité.

Le tableau ci-après propose une visualisation possible de l'évolution de ces parlers slaves d'un point de vue historique. Nous posons comme point de départ, non une forme écrite mais les formes orales dans leur variation. Ces formes orales n'étaient ni homogènes ni isolées, car en contact avec les autres variétés slaves et les autres langues de la région, ce que le tableau ne met malheureusement pas en lumière :

Les variétés slaves dans le temps

6ᵉ-7ᵉ s	variétés orales ↓	variétés orales ↓	variétés orales ↓	variétés orales ↓	variétés orales ↓
+- 9ᵉ s	variétés orales ↓	variétés orales ↓	variétés orales ↓	variétés orales ↓	vieux bulgare (10ᵉ-11ᵉ) ↓
	variétés orales ↓	variétés orales ↓	variétés orales ↓	variétés orales ↓	slavons (langue liturgique)
	variétés orales ↓	variétés orales ↙ ↘	variétés orales ↓	variétés orales ↓	↓
17ᵉ s	variétés orales ↓	bulgare littéraire (pré-Damaskini) ↓ / variétés orales ↓	variétés orales ↙ ↘	variétés orales ↓	↓
20ᵉ s	variétés orales ↓	bulgare littéraire (écrit et parlé) ↓ / variétés orales ↓	macéd. littéraire (écrit et parlé) ↓ / variétés orales ↓	variétés orales ↓	↓
TERRITOIRES ACTUELS (AU SENS GEOPOLITIQUE)					
	Grèce	**Bulgarie**	**ARY Macédoine**	**Albanie**	
Epoque actuelle	variétés orales	bulgare littéraire (écrit et parlé) / variétés orales	macéd. littéraire (écrit et parlé) / variétés orales	macéd. littéraire (écrit et parlé) / variétés orales	

Ce tableau contraste avec les représentations proposées généralement qui, à notre avis, projettent sur les faits linguistiques anciens des catégorisations bien plus tardives. Pour ce qui est des variétés slaves parlées dans le territoire actuel de la Grèce depuis le 6ᵉ siècle, leur appartenance à la « langue bulgare » ou « macédonienne » (constituées comme telles plusieurs siècles plus tard) relève d'un choix extra-linguistique et n'est en aucune façon « objective » ou allant de soi (sur l'utilisation des données linguistiques objectives par les idéologies voir 4.3).

4.2. Absence de descriptions linguistiques

Il faut souligner l'absence de données précises sur les variétés slaves de Grèce pour la plus grande partie du 20ᵉ siècle. Les linguistes disposaient, certes, de matériaux plus ou moins détaillés publiés par le *Makedonski naučen Institut* « Institut scientifique macédonien », dirigé par L. Miletič, ou encore dans les fameux *Sbornici za narodni umotvorenija* « Recueils de folklore populaire » présentant des données relatives aux Bulgares (orthodoxes) de Thrace. En Europe occidentale, on dispose également du travail d'A. Mazon (1923) effectué dans la région de Florina (anc. *Lerinsko*) ou d'articles de M. Malecky (1934, 1936) consacrés à deux habitats importants de la région de Macédoine orientale, *Suxo* (*Sohos* gr.) et *Visoka* (*Ossa* gr.).

Les tensions régionales de la première moitié du siècle, la Seconde Guerre mondiale (1940-1945), puis la Guerre civile en Grèce (1946-1949) ont bloqué la recherche dans des régions que les irrédentismes bulgare ou yougoslave revendiquaient périodiquement. Pendant plus de cinquante ans, aucun chercheur grec ni étranger n'a eu accès, normalement, à la réalité slavophone de la Grèce du Nord. Après la IIᵉ Guerre mondiale, la Yougoslavie titiste et la République Populaire de Bulgarie ont encouragé leurs linguistes dialectologues à travailler sur les variétés parlées en Grèce, mais les matériaux étaient ceux déjà publiés à la fin du 19ᵉ et au début du 20ᵉ siècle. Outre ces sources, les linguistes de la Macédoine yougoslave (aujourd'hui Ancienne République Yougoslave de Macédoine) ou de la République Populaire de Bulgarie ont étudié les parlers slaves de Grèce en utilisant comme informateurs les personnes déplacées et les réfugiés politiques. Compte tenu de la configuration du diasystème bulgaro-macédonien, l'adaptation des locuteurs aux variétés externes peut être rapide de sorte que l'évaluation des matériaux recueillis chez les émigrés (Šklifov 1979, 2003) soulève de nombreux problèmes de fiabilité.

Dans la région rhodopéenne, zone militaire dont l'accès était étroitement contrôlé de la fin de la deuxième guerre mondiale jusqu'à 1995[130], nous n'avons disposé que très tardivement d'informations, notamment par le dictionnaire publié par l'armée et par les grammaires et dictionnaires de P. Theoharidis[131]. Depuis lors, plusieurs chercheurs travaillent dans la région, principalement en anthropologie ou en sociolinguistique. On peut signaler également la méthode d'apprentissage

---

[130] Cf. Lexique, *zone surveillée*.

[131] Bien que paru dans les années 1990 le matériel a été recueilli à la fin des années 1960 et au début des années 1970 pendant que l'auteur travaillait comme instituteur dans les villages des Rodhopes.

du pomaque en tant que langue étrangère, publiée par N. Kokkas (2004), et utilisée dans le cadre des cours du Pakethra[132] à Xanthi. Toutefois, toutes ces publications sur le pomaque ont suscité de vives réactions de la part des représentants de la minorité musulmane qui soutiennent la promotion de la langue turque comme langue unique de la minorité. Dans ce même esprit, les tentatives provenant d'auteurs grecs sont qualifiées d'attaques orchestrées par l'État grec visant à dissoudre la minorité. Les Pomaques participant ou étant à l'origine de telles initiatives sont sanctionnés sur le plan professionnel et sont, eux-mêmes et leurs familles, stigmatisés à l'intérieur de leur communauté[133]. Toutefois, il existe clairement au sein de la minorité des courants politiques divers, dont une partie soutient les langues locales (pomaque ou romani) alors qu'une autre soutient le principe d'une minorité musulmane exclusivement turcophone.

4.3. Importance des facteurs idéologiques

La nomenclature appliquée aux variétés langagières effectivement attestées dans une zone donnée reflète une manipulation idéologique de différences qui pourraient être objectivement perçues, c'est-à-dire constatées. Il s'agit là d'une réalité banale de l'existence sociale des langues. Mais ce qui caractérise les situations que nous observons, c'est la captation des *données objectives* par le domaine des pratiques symboliques. De ce point de vue, on rencontre deux usages possibles de la différence linguistique objective :

a) Celle-ci peut être sous-estimée, dans le cadre très fréquent des idéologies monoglottales qui proposent des variantes de la « Langue du Peuple (tout entier) ». Précisons que cette formule imaginaire ne correspond pas automatiquement à une conception jacobine de l'organisation territoriale.

Ce cas est illustré par les traitements idéologiques de l'ensemble roman balkanique et roumain, ainsi que par les conceptions longtemps appliquées au domaine grec. Nous limitant à ce dernier exemple, nous évoquerons les variétés diachroniques de la langue : grec ancien, grec classique et post-classique, grec hellénistique et biblique, etc. Cet ensemble est généralement traité comme un tout dont les caractères hétérogènes ne sont pas pris en compte dans la réalité de la communication. En synchronie,

---

[132] Association culturelle de Thrace.

[133] C'est la raison principale pour laquelle il est difficile de mener une enquête sur le pomaque encore aujourd'hui.

les qualités différentielles des dialectes sont fortement minimisées et seules quelques zones marginales font l'objet d'une attention réaliste bien que condescendante. Il s'agit du tsakonien (Péloponnèse, Propontide), de l'ensemble dodécanésien avec le chypriote, des deux groupes de l'Italie méridionale, le bovésien et le salentin et, enfin, les ensembles orientaux, soit, du nord au sud, le gréco-criméen ou dialecte de Mariupol, le pontique et les parlers de Cappadoce aujourd'hui disparus.

b) La différence peut être surestimée. C'est-à-dire que les variations structurelles sont clairement *perceptibles*, mais elles n'empêchent pas l'intercompréhension partielle ou totale. En dépit de cela, les variations formelles sont amenées à jouer un rôle de trait sémiotique dans l'ensemble des interactions langagières. Signalons également que les différences peuvent être utilisées dans le but de renforcer, au plan idéel, un projet nationalitaire d'exclusion.

Dans notre région, l'exemple type de ce processus qui produit de la différence sensible est constitué par la standardisation de la « langue macédonienne » sur la base de ce qui jusque là était catégorisé comme un ensemble de « dialectes bulgares occidentaux ». La cristallisation normative des variétés « macédoniennes » écrites opère à tous les niveaux – phonologiques, morphologiques et lexicaux – en vue d'obtenir une différence maximale d'avec la langue écrite de Bulgarie, qui est basée sur les dialectes orientaux. Le fait est que la moitié du territoire bulgare correspond à des dialectes occidentaux (situés à l'ouest de la fameuse « frontière du *jat* »). À cette donnée géographique bien connue vient s'ajouter un élément important de la démographie historique, à savoir qu'à l'issue des guerres balkaniques (1912-1913) et de la Première Guerre mondiale, de nombreux migrants en provenance des territoires attribués à la Grèce et à la Serbie se sont installés dans l'ensemble de la Bulgarie. Ce phénomène démographique a eu pour effet d'augmenter le nombre d'alternances dont un locuteur donné peut disposer dans le registre de la compétence passive.

Prenons un exemple simple : selon les dialectes, le relateur locatif revêt les formes : *u-, v-, vəf-, vo-, av-*. Les locuteurs qui n'emploient que la forme *vəf*, comprennent, passivement, la forme *vo-,* typiquement occidentale. Ce genre d'exemple pourrait être multiplié et il explique en partie le degré important d'intercompréhension existant entre la plupart des dialectes, bulgares et macédoniens. L'intercompréhension passive est plus ou moins immédiate selon l'origine dialectale des locuteurs et selon le cadre de production discursif, à l'oral spontané, formel ou à l'écrit. On peut signaler, à cet égard, l'utilisation comique de ces différences formelles à la radio ou à la télévision.

4.4. Intercompréhension

Les variétés slaves de l'aire méridionale ont toutefois en grande partie échappé aux modes de contact interdialectal que nous venons d'évoquer. L'enquête conduite par E. Adamou[134] montre que les locuteurs des variétés qui sont considérées comme faisant partie d'un même groupe (ex. l'ensemble pomaque) mais qui se situent aux deux extrêmes des Rodhopes grecques ne communiquent pas de manière aussi évidente que leur nom commun pourrait faire penser. Plus précisément, le sens global d'un récit n'est pas accessible pour les locuteurs de chaque variété alors que des unités isolées (des mots) sont reconnues par les locuteurs, leur permettant ainsi d'assurer une communication minimale.

La difficulté à réaliser une intercompréhension maximale entre les locuteurs des diverses variétés slaves de Grèce correspond à des variations formelles à plusieurs niveaux :

- Différences dans le système verbal : morphologie aspectuelle p. ex. existence ou non de parfait avec « avoir », de médiatif, de formes en -l.
- Différences syntaxiques : système nominal synthétique ou analytique, marquage différentiel de l'objet en fonction de l'humanitude ou non, trois articles définis en fonction de la deixis ou un seul, possession exprimée de façon synthétique ou analytique, etc.
- Différences lexicales : emprunts au turc, variétés dialectales ; différences sémantiques pour une forme lexicale commune, p. ex. mljáko signifiant « fromage » au village d'Evros alors qu'il signifie « lait » à Liti.
- Différences phonétiques ou phonologiques.

Toutes ces différences forment des petits blocages qui, une fois accumulés en discours, empêchent l'intercompréhension totale alors que sur le plan structurel les similarités sont nettement présentes.

---

[134] Tests effectués avec des locuteurs in vivo et avec des enregistrements, 2005.

5. ÉLÉMENTS SOCIOLINGUISTIQUES

5.1. Nombre de locuteurs

Donner des chiffres quant au nombre de locuteurs qui connaissent et qui parlent ces variétés slaves est une tâche difficile, car la langue et l'identité se mêlent étroitement dans les deux groupes de slavophones de Grèce.

Actuellement, la majorité des locuteurs slavophones chrétiens se concentre dans la partie nord-ouest de la Macédoine en Grèce (dans les départements de Florina, Kastoria et Pella ainsi que dans le département de Kilkis). Les slavophones musulmans se situent dans les Rodhopes grecques, plus précisément, dans les départements de Xanthi, Rodhopi et d'Evros.

Le recensement de 1928 dénombrait 180 000 slavophones et 20 000 bulgarophones. Le recensement de 1951 concluait à 41 017 slavophones seulement. Outre la fiabilité discutable de ce recensement (cf. Houliarakis, 1973-1976), cette baisse du nombre de locuteurs résulte d'une part de l'émigration de slavophones sympathisants des idées communistes à la fin de la guerre civile en 1949 (certains sont rentrés depuis) et, d'autre part, de la mise en place d'un système d'éducation gratuite et obligatoire en grec moderne. Actuellement, les estimations les plus optimistes ne dépassent pas les 200 000 locuteurs en puissance, puisqu'ils ne pratiquent pas cette langue au quotidien.

D'après le recensement de 1951, les slavophones musulmans, désignés en tant que Pomaques, sont au nombre de 26 592. En 1993, d'après les statistiques non officielles publiées dans le journal grec *Kathimerini*, on estime qu'ils étaient 36 000. Toutefois, il est évident que ces statistiques sont très difficiles à mener : des individus d'origine slavophone mais ne parlant plus le pomaque rentrent-ils dans la catégorie « Pomaques » ? Ceux qui parlent encore le pomaque mais qui souhaitent s'identifier comme « Turcs », « Grecs », « Européens » ou autre, sont ils comptés comme « Pomaques » ?

5.2. La transmission et les usages

Au début du 20ᵉ siècle, l'État grec interdira, de manière plus ou moins affirmée selon les périodes, l'usage des langues locales non-grecques dans la sphère publique (marché, fêtes) ; ces interdictions étant effectivement souvent reprises dans la sphère privée. La politique d'interdiction de l'expression en slave local a connu son apogée sous la dictature du Général Metaxas (1936-1940).

Cependant la répartition entre le parler slave local et le grec au sein des foyers restait très variable et était déterminée par des facteurs sociaux et le sexe des locuteurs. Au début du 20ᵉ siècle le parler slave local était encore la langue des familles d'ouvriers agricoles, d'éleveurs et de professions très liées à la tradition comme celle de musicien. En revanche, chez les commerçants riches, les propriétaires terriens ou encore les personnes liées à l'Église comme les chantres, le grec était employé de préférence au slave local ; des témoignages évoquent même l'interdiction de ce dernier dans certaines de ces familles.

Dans ce contexte, l'apprentissage de la langue interdite se maintenait au contact des plus âgés, et notamment des grands-mères qui dans leur majorité étaient encore, au début du siècle, monolingues slavophones, situation dont l'État devait s'accommoder. Les personnes nées avant les années 1950 seront les dernières à profiter de la présence d'une grand-mère slavophone dans un foyer pour apprendre le parler slave. En effet, on trouvait encore dans les années 1950 des slavophones monolingues parmi les personnes les plus âgées et pour certaines régions cette influence était encore sensible pendant les années 1970.

Liti[135] (nommée Aivati pendant la période ottomane) est situé à 10 km de Salonique, capitale du *nome* (département) de Salonique et port important de la Grèce du nord et plus largement des Balkans. Le recensement de 2001 dénombre 2 841 habitants à Liti qui, avec Drimos et Melissohori, constitue la municipalité de Mygdonia. La présence de slavophones dans le village est attestée dans une source byzantine du 7ᵉ siècle[136]. Il est possible de distinguer aujourd'hui deux catégories de locuteurs du *nashta* dans le village, en fonction de leur connaissance de la langue :

a) Les anciens (nés dans les années 1920 et 1930) qui ont le *nashta* comme langue première ou seconde selon la classe sociale à laquelle appartenaient leurs familles. Chez les anciens on trouve des slavophones qui parlent couramment le slave et d'autres qui ont une difficulté à s'exprimer en slave sans alterner de manière importante avec le grec. Toutefois, même chez ces derniers, la connaissance de la langue est plutôt bonne et s'ils sont sollicités, comme dans le cadre des entretiens de notre

---

[135] Sur Liti (Letè) voir aussi *Tabula Imperii Romani K 34*, 1976 : 78 qui atteste l'existence d'un *demos* de Letè en 117 av. J.-C., habitants de Mygdonie, population d'origine thrace, en partie les Edones. Sur Letè comme évêché voir Oikonomidès 1968, 44, notes et 1.4 et 28.

[136] *Miracles de Saint Demetrius*, Lemerle 1981 : 220.

enquête, ils retrouvent assez vite une aisance relative. Mais le grec reste la langue dans laquelle ils se sentent plus à l'aise. Il convient de signaler la difficulté à trouver des informateurs dans cette classe d'âge et notamment des hommes.

b) Les « jeunes » (nés dans les années 1940 et 1950) pour lesquels le *nashta* est une langue seconde. Ils ont en général un très bon niveau de compréhension mais ils estiment ne pas pouvoir tenir une conversation, ce que l'enquête confirme. Toutefois, leur mémoire de la langue s'avère souvent très utile pour notre enquête, puisque certains d'entre eux se souviennent de contes et récits en *nashta* appris de leur parents.

Après la fin de la guerre civile, le *nashta* a cédé sa place au grec. Les échanges publics se font principalement en grec mais des usages ponctuels en *nashta* sont courants dans divers contextes. Ces emplois relèvent de l'ordre de l'intimité et de l'expression ludique. Enfin, on peut signaler certains usages en *nashta* entre les autochtones et les immigrés venus de Bulgarie ou de l'ex-Union soviétique, en précisant que ces usages sont rares et relèvent surtout de la connivence, alors que la communication se fait essentiellement en grec. L'enquête menée par E. Adamou montre également que certains usages du *nashta* se maintiennent en fonction cryptique au sein des familles.

La situation a été différente chez les slavophones musulmans de l'État grec. Isolées et économiquement très fragiles, ces populations ont maintenu l'emploi de la variété slave locale plus longtemps que les populations slavophones orthodoxes ; si cela n'est pas courant, on peut encore aujourd'hui trouver des locuteurs monolingues. Les slavophones musulmans participent actuellement à une migration économique, notamment vers l'Allemagne, sans pour autant toujours aboutir à une installation définitive dans le pays d'accueil. Une importante migration intérieure vers les centres urbains de Grèce est également observée, vers Athènes ou différentes villes de Thrace. Les contacts avec la Turquie sont par ailleurs très fréquents (études secondaires ou supérieures, émigration temporaire ou définitive, voyages).

La situation sociolinguistique en Thrace diffère en fonction des villages et des villes mais aussi en fonction des familles. A Xanthi, le pomaque est parlé dans la rue, au café, au marché ou même sur le lieu de travail (ex. chantiers).

Le village proche de Xanthi qui a été étudié comprend essentiellement des cultivateurs de tabac (culture subventionnée par la Communauté européenne) ou des éleveurs, alors que de nombreux villageois émigrent vers les pays de l'Europe du Nord pour travailler dans les chantiers navals ou dans le bâtiment. Dans ce village, les locuteurs maintiennent et transmettent le dialecte slave local aux enfants ; en général les enfants apprennent le grec et le turc au moment d'aller à l'école (4-5 ans), langues avec lesquelles ils se familiarisent dans les contacts avec les grécophones, la télévision et les chansons, ou avec leurs aînés qui leur font répéter des énoncés courts (merci, bonjour, etc.). Le grec tient une place importante dans les échanges des jeunes, il est employé en public notamment pour des situations liées à la vie moderne (ex. discussions sur le portable, l'Internet, etc.), l'alternance codique est très importante et semble être synonyme de modernité. Le turc est également enseigné à l'école et donc maîtrisé par les locuteurs, mais utilisé généralement avec les musulmans extérieurs au village.

Les femmes de plus de 50 ans ont une compétence en grec et en turc leur permettant d'avoir une conversation minimale. Outre l'école (pour celles qui y sont allées), la télévision a été une source d'apprentissage des deux langues et, de façon plus déterminante, les séjours dans des villes et villages non pomaquophones pour des raisons professionnelles (en accompagnant les époux ou les parents). Les hommes, même âgés, ont une compétence plus importante en grec, grâce au service militaire et aux expériences professionnelles à l'extérieur du village.

La situation que nous avons observée dans un village de la région d'Evros et un village proche de Xanthi est en revanche très différente. Le village situé dans le département de Evros est composé de musulmans shiites (bektashi) et sunnites. Le village proche de Xanthi est constitué d'habitants venus d'autres villages de la zone montagneuse et de certaines familles rom orthodoxes. Dans ces villages il n'y a plus de transmission du pomaque aux enfants et le turc semble, d'après notre enquête, être la langue première des jeunes enfants. Les parents emploient le pomaque en couple ou avec leurs propres parents surtout en fonction cryptique par rapport aux jeunes enfants. La majorité des échanges se fait en turc alors que le grec est rarement utilisé dans les échanges privés ou internes au groupe. Le pomaque peut également être employé dans ces cas mais de façon bien moins importante que les autres langues et une étude plus poussée reste à faire pour affiner ces observations.

Enfin, on peut noter que l'arabe est enseigné comme langue de la religion et des pratiques liturgiques. Le suivi des cours est facultatif mais très généralisé, tant pour les garçons que pour les filles ; la langue de communication employée lors de ces cours est le turc.

5.3. Le système éducatif

Dans la zone qui constituait la partie sud des vilayets de Monastir et de Salonique, le mouvement exarchiste[137] n'a jamais dominé dans la totalité des groupes chrétiens au cours de la période qui va de 1870 à 1912. Nombreuses sont les causes de l'insuccès relatif du mouvement scolaire proposé par l'Exarchat. Nous ne retiendrons ici que trois facteurs :

1) Le poids démographique des populations musulmanes dans les centres urbains ainsi que dans certaines zones rurales.

2) L'attachement de nombreux chrétiens slavophones au Patriarcat et à son réseau scolaire qui a joui d'un prestige indiscutable. En réalité, les variétés vernaculaires ont fonctionné au centre de configurations polyglossiques complexes qui organisaient le cadre des usages langagiers entre deux pôles, celui des pratiques liturgiques et celui des langues véhiculaires. Du point de vue de la paysannerie, les langues devaient répondre à deux besoins fondamentaux, l'accès aux circuits marchands d'une part et à l'émigration hors de l'espace régional d'autre part.

3) Dans le domaine des pratiques langagières, la quantification est excessivement hasardeuse. Le seul fait à garder en mémoire dans une tentative de poser les fondements d'une véritable *histoire linguistique* de ces régions, c'est que la grande majorité des populations rurales restait analphabète ou illettrée, le taux de fréquentation scolaire étant très faible et les durées de passage dans les écoles élémentaires assez brèves. On peut dire que jusqu'à l'installation du cadre administratif grec, en 1912-1913, les régions de la Macédoine méridionale connaissaient une situation de scolarisation minimale.

Dans le cadre de l'État grec signalons deux tentatives d'éducation bilingue gréco-slave jamais appliquées : le protocole, signé par Politis et Chalkof pour l'enseignement des dialectes « bulgares » de Grèce avec la collaboration de l'État bulgare, n'a pas abouti ; plus tard l'État grec mettra en place la rédaction du premier abécédaire des dialectes parlés dans la région, considérés désormais comme étant différents du bulgare et nommés pour cela « macédoniens ». L'objectif de cette initiative était d'assurer l'enseignement des dialectes slaves en tant que langue minoritaire de l'État grec. Cette deuxième tentative n'aboutira pas non plus, cette fois-ci faute de demandes d'ouverture de ces écoles bilingues par les populations concernées.

L'éducation des populations musulmanes slavophones durant l'Empire ottoman était assurée essentiellement dans les *mecid*, petites écoles qui

---

[137] Cf. Lexique, *Exarchat.*

fonctionnaient dans les mosquées des villages, alors que quelques *medrese* assuraient l'éducation secondaire dans les grandes villes. Les élèves apprenaient l'arabe du Coran et le turc ottoman pour l'écrit.

Depuis le Traité de Lausanne (1923), l'État grec propose un enseignement primaire bilingue turc-grec, suivi également par les Pomaques, les Turcs et les Rom musulmans de Thrace. Parallèlement, les élèves suivent un enseignement religieux à la mosquée, en turc et en arabe. Les deux structures se trouvent généralement dans une situation de compétition notamment parce que les enseignants des écoles minoritaires sont majoritairement Pomaques, ayant suivi une formation dans une EPATH[138] et leur compétence du turc est mise en doute[139].

Un enseignement complet dans le cadre de l'école publique grecque est possible mais il constitue un parcours longtemps peu choisi, ce qui pourrait changer rapidement avec l'extension de l'urbanisation. Sinon, les élèves ont le choix de suivre un enseignement dans l'un des deux collèges et lycées minoritaires, à Komotini et à Xanthi, alors que l'éducation secondaire et universitaire en Turquie a longtemps constitué une alternative importante pour la population slavophone musulmane. Deux medreses fonctionnent également, à Echinos et à Komotini. Dans tous les cas, la variété slave n'est jamais intégrée dans l'éducation proposée. Ainsi, les jeunes slavophones se sentent fragiles tant dans le système grécophone que turcophone. Cette fragilité a sans doute contribué à ce que les parents abandonnent le parler slave comme langue première, soucieux de la mobilité sociale de leurs enfants via le système éducatif. On doit toutefois noter que très longtemps le parcours scolaire des Pomaques n'allait pas au-delà de l'école primaire afin que les enfants puissent contribuer aux tâches de l'économie familiale (foyer et champs).

Enfin, on peut signaler que des écoles en langue bulgare ont fonctionné durant l'occupation bulgare au cours de la deuxième guerre mondiale mais les sources montrent qu'elles n'ont pas été suivies par beaucoup d'élèves musulmans (Papadimitriou 2003 : 150).

---

[138] École publique de l'État grec dédiée à la formation de ces enseignants, proposant une formation générale mais ne fonctionnant pas comme école de langue turque.

[139] On note ici la contradiction dans les argumentations avancées par les représentants de la minorité qui présentent d'une part le turc comme langue maternelle de toute la minorité alors qu'ils stigmatisent les Pomaques pour leur maîtrise insuffisante du turc.

6. Conclusion

Les parlers slaves de Grèce constituent un exemple éloquent de l'impact que la dénomination d'une langue peut avoir sur les représentations historiques des contemporains. Contrairement à l'idéologie nationaliste qui traite les noms de langues comme des objets naturels stables, il nous semble important d'aborder les dénominations des langues comme des processus et de les situer dans les contextes politico-linguistiques de chaque époque.

LEXIQUE

BELMR : *Bureau Européen pour les langues moins répandues / European Bureau for Lesser Used Languages*. Des informations sur les langues minoritaires de Grèce se trouvent dans les *Rapports des visites d'études* édités par le BELMR. Voir aussi http://www.eblul.org/

Exarchat : par Exarchat on désigne souvent l'Eglise orthodoxe bulgare qui a obtenu son autonomie du Patriarcat œcuménique de Constantinople en 1870 dans le cadre de l'Empire ottoman.

millet : il s'agit de l'organisation des populations non-musulmanes sous l'Empire ottoman en *millets*, ensembles institutionnels autonomes selon des critères religieux (avec leurs dignitaires et les pouvoirs importants qu'ils ont sur leur communauté - collecte de taxes, tribunaux). Les plus anciennes sont les millets grecque, arménienne et juive ; à partir du 19e siècle on assiste à une multiplication des millets (millet bulgare orthodoxe, millet protestante etc.).

nationalitaire/nationaliste : le terme nationalitaire se réfère, de façon générique, à tout mouvement organisé dont le projet politique vise à la création d'un Etat-nation dans des formes qui peuvent être variables (état unitaire et centralisé, état fédéral ou confédération, système républicain ou monarchie constitutionnelle, etc.). Le mot nationalisme, lui, dénote plus spécifiquement l'ensemble idéologique sur lequel se fonde une théorie politique qui considère la nation comme une substance sociale en soi. Pour un nationalisme donné, les formes politiques ne sont que des moyens de réaliser la substance nationale en un moment historique particulier.

Petchenègues : population nomade d'origine turcique, habitant le nord de la Mer Noire pendant la période entre le 8e et le 13e siècles. Caractérisée par ses invasions successives dans l'Empire byzantin.

rum millet : la millet grecque inclut tous les chrétiens orthodoxes indépendamment de leur langue ou « groupe ethnique ». En effet, à la fin de l'Empire ottoman (1918-1920), la millet grecque orthodoxe regroupe plusieurs langues liturgiques : grec d'Église, arabe chrétien, slavon serbe, etc., ainsi qu'un nombre non négligeable de vernaculaires : grec, arvanite, albanais, aroumain, turc, arabe oriental, bulgare macédonien, etc.

Sprachbund : l'aire balkanique a de longue date, et de manière privilégiée, illustré le concept d'*aire de convergence*, ou *Sprachbund*, proposé par N. Troubetzkoy et développé dans le sens actuel par les travaux qui ont suivi. Dans les Balkans diverses langues ont une présence historique de plusieurs siècles avec des contacts variés entre elles : le roumain et les variétés d'aroumain, l'albanais et les variétés d'arvanite, le bulgare, le macédonien, le serbo-croate et les autres variétés slaves balkaniques, le grec moderne et ses différentes variétés balkaniques, le judéo-espagnol, l'arménien, les dialectes romani et le turc avec ses variétés balkaniques. Ces langues sont classées par les chercheurs sur une échelle (les critères varient selon les auteurs) allant des langues « hautement balkaniques » aux langues « périphériques », comme le judéo-espagnol et l'arménien, en fonction de traits communs qu'elles partagent. Si les aspects lexicologiques ont longtemps mobilisé l'essentiel des travaux, aujourd'hui les recherches sont orientées vers les questions d'aspect verbal, d'accord objectal (p. ex. redoublement de l'objet) et les phénomènes énonciatifs (ex. médiatif). L'hypothèse de base de la *Sprachbund* est que les traits communs ont été développés suite au contact intense entre les langues en présence. Pour un aperçu général des aires linguistiques voir Thomason 2001.

zone surveillée : jusqu'à la fin des années 1990, les départements frontaliers de Grèce étaient sous le régime de surveillance militaire, en totalité ou en partie. Ce régime appelé en grec *epitirumeni zoni* « zone surveillée » suspend en fait le droit commun des citoyens et de l'administration civile dans toute une série de domaines (résidence, citoyenneté, déplacement, possession de biens immobiliers, etc.)

BIBLIOGRAPHIE

ADAMOU E. (2006). *Le nashta. Description d'un parler slave de Grèce en voie de disparition*, Muenchen, Lincom, Languages of the World / Materials 456.

ALEXAKIS E. (1996). *Ta pedia tis siopis. Oikogenia, siggenia ke gamos stous Arvanites tis NA Atikis – Lavreotikis (1850-1940)*. [Les enfants du silence. Famille, parenté et mariage chez les Arvanites du Nord-Est d'Attique-Laureotique], Athina, Parousia.

ALEXAKIS E. (2006). « Oi Grecomanoi ke o Bairaktaris. Morfes eterotitas stous synchronous Ellines ke Albanous » [Les Grecomanes et le Bairactare. Formes d'altérité chez les Grecs modernes et les Albanais], Ethnologia, Vl. 12, Athina, p. 85-110.

ANDERSON B. (1991). *Imagined Communities: Reflections on the Origin and Spread of Nationalism.* London and New York, Verso.

ANTREADHANTON J. (1997). *Tamama, sa pontiaka.* (sans éditeur).

BABINIOTIS G. D. (1998). *Lexiko tis Neoellinikis Glossas* [Lexikon de la langue grecque], Athina.

BAKKER P. (2001). "Romani and Turkish", B. Igla, Th. Stolz (eds.), *Was ich noch sagen wollte... A multilingual Festschrift for Norbert Boretzky on the occasion of his 65th birthday*, Berlin, Akademische Verlag, p. 303- 327.

BAKKER P., M. HÜBSCHMANOVÁ, V. KALININ, D. KENRICK, HR. KYUCHUKOV, Y. MATRAS, G. SORAVIA. (2000). *What is the Romani language?*, Hatfield, University of Hertfordshire Press.

BARTH F. (1969). *Ethnic Groups and Boundaries. The social organisation of culture difference*, Bergen, Scandinavian University Books.

BAUMAN R., SHERZER J. (eds) (1974, 1989). *Explorations in the ethnography of speaking*, Cambridge, N.Y., Port Chester, Melbourne, Sydney, CUP (2e Edition).

BEC P. (1971). *Manuel pratique de la philologie romane*, Paris, éd. Picard.

BEIS S. (2000). *Le parler aroumain de Metsovo. Description d'une langue en voie de disparition*, thèse de doctorat, Université Paris V - René Descartes – Sorbonne.

BIRIS K. I. (1960). *Arvanites. Oi Doriis tu neoterou Ellinismou. Istoria ton Ellinon Arvaniton* [Arvanites. Les Doriens de l'Hellénisme contemporain. Histoire des Grecs Arvanites], Athina.

BORETZKY N., B. IGLA (1994). "Romani Mixed Dialects", Bakker P., M. Mous (eds.), *Mixed Languages-15 case studies of language intertwining,* Amsterdam, IFOTT, p. 35-68.

BORETZKY N. (1985). « Sind Zigeunersprachen Kreols? », Boretzky N., W. Enninger, T. Stolz (eds.), *Akten des 1. Essener Kolloquiums über Kreolsprachen und Sprachkontakte*, Bochum, N. Brockmeyer, p. 43-70.

BORETZKY N. (1996). « Arli. Marerialien zu einem südbalkanischen Romani-dialekt », *Grazer Linguistische Studien* 46, p. 1-30.

BORETZKY N. (1999). *Die Verwandschaftsbeziehungen zwischen den Südbalkanischen Romani-Dialekten*, Studien zur Tsiganologie und Folkloristik 27, Frankfurt am Main, Peter Lang.

BORETZKY N. (2000). "The Vlach dialects of Romani. Characteristics and subclassification", Paper presented in the 5th International Conference in Romani Linguistics, Sofia 14-17/9.

BOTSI E. (2004). *Die sprachliche Selbst- und Fremdkonstruktion am Beispiel eines arvanitischen Dorfes Griechenlands. Eine soziolinguistische Studie*, Konstanz, Dissertation. www.ub.uni-konstanz.de/kops/volltexte/2004/1292

BOTSI E. (2006). « Neanikes glosses ke epikinoniaki kultura se mia arvanitofoni kinotita tis Attikis » [Les langages des jeunes et la culture communicative dans une communauté arvanitophone d'Attique], Ethnologia, Vl. 12, Athina, p. 221-249.

BOURDIEU P. (1991). *Language and Symbolic Power*, trans. by Gino Raymond and Matthew Adamson. Cambridge Massachusetts, Harvard University Press.

BREU W. (1985). « Das Albanische als National - und Minderheitensprache », Ureland, Sture P. (ed.), *Entstehung von Sprachen und Völkern, Glotto- und Ethnogenetische Aspekte europäischer Sprachen*, Akten des 6, Symposions über Sprachkontakt in Europa, Mannheim 1984, Tübingen, Max Niemeyer Verlag, p. 415-436.

BREU W. (1990). « Sprachliche Minderheiten in Italien und Griechenland », Spillner, B. (ed.), *Interkulturelle Kommunikation*, Franfurt am Main, Bern, N.Y., Paris, Lang (Forum Angewandte Linguistik Vl. 21), p. 169-170.

BRUCK vom G., BODENHORN B. (eds) (2006). *The anthropology of names and naming*, Cambridge, Cambridge University Press.

BUCK SUTTON S. (1983). "Rural - Urban Migration in Greece", Kenny M., *Urban life in mediterranean Europe. Anthropological Perspectives*, Urbana, University of Illinois Press, p. 225-249.

BURRIDGE K. (1998). "The X-phemistic value of Romani", Matras Y. (ed), *The Romani Element in Non-Standard Speech*, Wiesbaden, Harrassowitz Verlag, p. 29-49.

CAPIDAN T. (1925). *Meglenoromânii Istoria sii graiul lor*, Bucureşti, ed. Academiei Române.

CAPIDAN T. (1932). *Aromânii dialectul aromân, studiu lingvistic*, Bucureşti, ed. Academiei Române.

CAPIDAN T. (1937). *Esquisse historique et descriptive des populations roumaines de la péninsule balkanique*, Bucureşti, éd. de l'Académie Roumaine.

CECH P., M. HEINSCHINK (1999). *Sepečides-Romani. Grammatik, Texte und Glossar eines türkischen Romani-Dialekts*, Wiesbaden, Harrassowitz Verlag.

CLAIRIS C. (1992). « La Grèce : Au-delà de la diglossie », Herreras J.C., *Situations linguistiques dans les pays de la Communauté Européenne*, Valenciennes, Presses universitaires des Valenciennes, p. 85-97.

CLEWING K. (2004). « Çamen », Hösch E. (ed), *Lexikon zur Geschichte Südosteuropas*, Wien, Köln.

COLLECTIF D'AUTEURS (1989). *Istorija na novobalgarskija knizhoven ezik*, Sofia, BAN.

CORTIADE M. (1991). "Romani versus Para-Romani", Bakker P., M. Cortiade (eds), *In the margin of Romani. Gypsy languages in contact*, Amsterdam, Institute for General Linguistics.

COTEANU I. (1959). « Le roumain et le développement du latin balkanique », *Recueil d'études romanes – Actes du IXe Congrès International de Linguistique Romane à Lisbonne*, Bucureşti, p. 49-53.

COWAN J. K. (2001). "Ambiguities of an emancipatory discourse: the making of a Macedonian minority in Greece", Cowan J.K., M.B. Dembour, R. Wilson (eds), *Culture and Rights: Anthropological Perspectives*, Cambridge, Cambridge University Press, p. 152-176.

DONABEDIAN A. (2001). « Tabou linguistique en arménien occidental : "gor" progressif est-il "turc" ? », *Faits de langue*, « Langues de diaspora, langues en contact », 18, dir. Donabedian A., Paris, Ophrys, p. 201-210.

DORIAN N. C. (1981). *Language death: The life cycle of Scottish Gaelic dialect*, Philadelphia, University of Pennsylvania Press.

DRAGOMIR S. (1924). *Vlahii si Morlacii, Studiu din istoria românismul balcanic*, Cluj, Imprimeria Bornemisa.

DRETTAS G. (1981). « Tant que les grands-mères parlent … », *The Greek review of social research*, « Aspects du changement social dans la campagne grecque », Athina, Centre national de recherches sociales.

DRETTAS G. (1990). « Le dialecte bulgaro-macédonien de Xr. (Edhessa, Grèce). Questions de typologie », *Bulletin de la Société de Linguistique de Paris*, tome 85, f. 1, p. 227-265.

DRETTAS G. (1997). *Aspects pontiques*, Paris, ARP.

DRETTAS G. (1999). « The Greek-Pontic dialect group », *Dialect enclaves of the Greek Language*, Athina, Center for the Greek Language, bilingual ed., p. 15-24 (Greek) / p. 91-100 (English).

DRETTAS G. (2000). « Le dialecte pontique et son utilité dans la pédagogie du grec contemporain », *La langue grecque et ses dialectes*, éd. bilingue, Athina, Centre pour la langue grecque, p. 35-41 (grec) / p. 103-109 (français).

DRETTAS G. (2002). « La langue fétiche. Pédagogie et réalités langagières dans les Balkans », *Centre pour la langue grecque*, Athina, éd. bilingue, p. 33-41 (grec) / p. 73-80 (français).

DRETTAS G. (2003). « Le judaïsme grécophone et sa lecture. Problèmes de méthode », F. Alvarez-Pereyre et J. Baumgarten, *Linguistique des langues juives et linguistique générale*, Paris, CNRS-Editions, p. 329-347.

DUCELIER A. (1968). *Travaux et mémoires, vl. 3. L'Albanon et les Albanais au 16ème siècle*, Paris, Centre de recherches d'histoire et civilisation byzantines, p. 354-368.

DUCELIER A. (1994). *Oi Alvani stin Ellada. I metanastefsi mias kinotitas (13 – 15 eona)* [Les Albanais en Grèce. La migration d'une commune (13ᵉ-15ᵉ siècle)], Athina.

DUDEN (1990). *Das Fremdwörterbuch*.

EBIRIKOS L., MORAITIS T. (2002). « Oi Arvanites ke ta tragudia tus ston elladiko choro », Moraitis Th. *Anthologia arvanitikon tragoudion tis Elladas* [Les Arvanites et leurs chansons dans l'espace grec, Moraitis Th. Anthologie des chansons arvanites de Grèce], Athina, Kentro Mikrasiatikon Spudon, p. 13-18.

EBIRIKOS L., IOANNIDOU A., KARADZOLA E., BALTSIOTIS L., BEIS S., TSITSELIKIS K. (eds). (2001). *Ghlossiki eterotita stin Eladha,* [*The Linguistic Diversity in Greece, Proceedings of the Meetings*], Athina, Alexandria Publications.

EFTHIMIU A. (1954). « I Yifti (romides) tis eparchias Konitsis ke i sinthimatiki ton glossa » [The Rom of the Konitsa province and their secret code], *Ipeirotiki Estia* 3, p. 481-484.

ELŠIK V., Y. MATRAS, *Romani Morphosyntax DataBase*, University of Manchester. www.llc.manchester.ac.uk/Research/Projects/romani

FALLMEREYER J.-P. (1857). *Das albanesische Element in Griechenland*, München, Verlag der Königlichen Bayerischen Akademie.

FILIAS V. (1983). *Opsis diatirisis ke metavolis tou kinonikou systimatos* [Aspects du maintien et du changement du système social], Athina, Livanis.

Fontes graeci historiae bulgaricae XI. (1965). Sofia, BAN.

FOUCAULT M. (1982). *Istoria tis sexualikotitas* [L'histoire de la sexualité], vl. 1, Athina, Rappa.

FRAKE C. (1973). « Die ethnographische Eforschung kognitiver Systeme », Arbeitsgruppe Bielefelder Soziologen (ed.). *Alltagswissen, Interaktion und gesellschaftliche Wirklichkeit. Symbolischer Interaktionismus und Ethnomethodologie*, Hamburg (Rowohlt Taschenbuch Verlag), vl. 2. p. 323-337.

FURIKIS P. (1931). *Pothen to ethnikon Arvanitis* [D'où vient l'ethnonyme Arvanitis], vl. 43, Athina, p. 3-37.

FURIKIS P. (1934). *I en Attiki ellinoalvaniki dialektos* [Le dialecte grecoalbanais parlé en Attique], vl. 45, Athina, p. 49-181.

GAL S., J. T. IRVINE (1995). "The boundaries of languages and disciplines: How ideologies construct difference", *Social Research* 62, p. 967-1001.

GARVIN P. (1964). "The standard language problem - concepts and methods", Hymes D. (ed), *Language in Culture and Society*, New York, Harper and Row, p. 521-526.

GEFOU-MADIANOU D. (1992). "Exclusion and unity, retsina and sweet wine: commensality and gender in a Greek agrotown", Gefou-Madianou, D. (ed), *Alcohol, gender and culture*, London, Routledge, p. 108-136.

GEFOU-MADIANOU D. (ed). (2003). « Eaftos ke « Alos ». Eniologisis, taftotites ke praktikes stin Ellada ke tin Kypro » [Le soi et « l'autre ». Sens, identités et pratiques en Grèce et Chypre], Athina, Gutenberg, p. 15-110.

GILLIAT-SMITH B. J. (1915). "A report on the Gypsy tribes of North East Bulgaria", *Journal of the Gypsy Lore Society*, New Series 9, 1-54, p. 65- 109.

GIMBUTAS M. (1963). *The Balts*, London, Thames and Hudson.

GIMBUTAS M. (1971). *The Slavs*, London, Thames and Hudson.

GRANQVIST K. (2000). "Intrasentential codeswitching in the speech of Finnish Roma. A case study", Paper presented in the Vth International Conference in Romani Linguistics, Sofia, 14-17/9.

GRIMES B. (ed). (1984). *Ethnologue. Languages of the world*, Texas, Wycliffe Bible Translators.

GUMPERZ J. (1975). *Sprache, lokale Kultur und soziale Identität. Theoretische Beiträge und Fallstudien*, Düsseldorf, Pädagogischer Verlag Schwann.

HAARMANN H. (1979). *Elemente einer Soziologie der kleinen Sprachen Europas. Studien zur Multilingualismusforschung und Ausbaukomparatistik*, vl. 2, Hamburg, Helmut Buske Verlag.

HAGÈGE C. (2000). *Halte à la mort des langues*, Paris, Odile Jacob.

HALWACHS D.W. (1993). « Polysystem, Repertoire und Identität », *Grazer Linguistische Studien* 39-40, p. 71-90.

HALWACHS D., G. AMBROSCH, D. SCHICKER. (1996). *Roman, seine Verwendung und sein Status innerhalb der Volksgruppe-Arbeitsbericht 1 des Projekts, Kodifizierung und Didaktisierung des Roman*, Verein Roman-Oberwart.

HALWACHS D., M. HEINSCHINK. (2000). "Language change in progress. The case of Kalderash Romani in Vienna", Paper presented in the Vth International Conference in Romani Linguistics, Sofia, 14-17/9.

HALWACHS D. (2005). "Roma and Romani in Austria", *Romani studies*, series 5, V.15, N. 2, p. 145- 173.

HAMERS J.F., BLANC M. (1983 ; 2e éd. 2000). *Bilingualité et bilinguisme*, Bruxelles, Mardaga.

HAMP E. P. (1961). "On the arvanítika Dialects of Attica and the Megarid", Balkansko Eznikoznanie III, 2, p. 101-106.

HASSIOTIS I. K. (ed). (2005). *I Armeniki kinotita tis Thessalonikis-The Armenian community of Thessaloniki*, Thessaloniki, University Studio Press.

HELLER M. (forthcoming). "Communities, identities, processes and practices", Paper presented at Sociolinguistic Symposium 16, Limerick, Ireland, 2006, to appear in a special issue of the *Journal of Sociolinguistics*.

HOBSBAWM E. (1990). *The age of revolutions*, Cambridge, Cambridge University Press.

HOULIARAKIS M. (4 tomes : 1973, 1974, 1975, 1976). *Geografiki dhiikitiki kai plithismiaki exelixis tis Eladhos, 1821-1971* [Evolution géographique, administrative et démographique de Grèce, 1821-1971], Athina, EKKE.

HOVANESSIAN M. (2001). « La langue arménienne et les récits du retour », *Faits de langue,* « Langues de diaspora, langues en contact », 18, dir. Donabedian A., Ophrys, p. 167-180.

HÜBSCHMANOVÁ M. (1979). "Bilingualism among the Slovak Rom", *International Journal of the Sociology of Language*, 19, p. 33-49.

IGLA B. (1996). *Das Romani von Ajia Varvara. Diskriptive und historisch vergleichende Darstellung eines Zigeunerdialekts*, Wiesbaden, Harrassowitz.

JIREÇEK K.-J. (1916). « Albanien in der Vergangenheit », Illyrisch-albanische Forschungen, Vl. 1, München, Leipzig, Verlag von Duncker & Humblot, p. 63-93.

JOCHALAS T. (1971). *Über die Einwanderung der Albaner in Griechenland: Eine zusammenfassene Betrachtung* [On the immigration of Albanians to Greece: A summary], München, Trofenik.

KARAKASIDOU A. (2000). *Makedhonikes istories ke pathi 1870-1990*, trad. en grec, Athina, Editions Odysseas [*Fields of wheat, hills of blood*, University of Chicago, (1997)].

KASPARIAN S. (2001). « Parler bilingue-multilingue et identités : Le cas des Arméniens de la diaspora », *Faits de langue,* « Langues de diaspora, langues en contact », 18, (dir.) Donabedian A., Ophrys, p. 211-222.

KATSANIS N. (1977). *Ellinikes epidrassis sta koutsovlachika* [Influences grecques sur le coutsovalaque], Thessaloniki, Kyriakidi.

KAZAZIS K. (1976). "Greek and Arvanitika in Corinthia", *Balkanistika*: Occasional Papers in Southeast European Studies III, p. 42-51.

KELLNER H. (1972). *Die albanische Minderheit in Sizilien*, Albanische Forschungen 10, Wiesbaden, Otto Harrassowitz.

KOKKAS N. (2004). *Uchem so Pomatsko*, Xanthi, Politistiko anaptixiako kentro Thrakis.

KOLLIAS A. P. (1985). *Arvanites ke i katagogi ton Ellinon* [Les Arvanites et l'origine des Grecs], Athina.

KONESKI B. (del 1. 1957, del. 2 1954). *Gramatika na makedonskiot literaturen jazik*, Prosvetno delo, Skopje.

KONESKI B. (1967). *Gramatika na makedonskiot jazik*, del 1 i 2, Kultura, Skopje.

KONESKI B. (1981). *Gramatika na makedonskiot jazik*, Kultura, Skopje.

KONESKI B. (1981). *Istorija na makedonskiot jazik*, Kultura, Skopje.

KOTANIDHIS P. (2002). (traduction) *Omiru Odhissia stin Pontiaki dhialekto*, Athina, Kaktos.

KOTTHOFF H. (1995). *Erzählstile in mündlichen Witzen. Zur Erziehung von Komikeffekten durch Dialoginszenierungen und Stilisierung sozialer Typen im Witz*, Arbeitspapier Nr. 68, Konstanz, Fachgruppe Sprachwissenschaft der Universität Konstanz.

KRETSI G. (2003). "From landholding to landlessness. The relationship between the property and the legal status of the Cham Muslim Albanians", Trubeta S., Voss C. *Minorities in Greece. Historical issues and new perspectives*, München, Dr. Snton Kovač, Jahrbücher für Geschichte und Kultur Südosteuropas, 5, p. 125-138.

LAZAROU A. (1986). *L'aroumain et ses rapports avec le grec*, Thessaloniki, Institute for Balkan Studies.

LE BERRE Y., J. LE DU (1997). « Ce que nomme *breton* », *Les enjeux de la nomination des langues*, (ed.) Tabouret-Keller A., Louvain-la-Neuve, Peeters, BCILL 95.

LE PAGE R. B., A. TABOURET-KELLER. (1985). *Acts of Identity: Creole-based Approaches to Language and Ethnicity*, Cambridge, Cambridge University Press, (2e edition : 2006, Fernelmont, InterCommunications et EMP).

LEMERLE P. (1979 t. 1, 1981 t. 2). *Les plus anciens recueils des miracles de Saint Démétrius*, Paris, CNRS.

LIAPIS A. K. (1998). *Glossario tis Romani, opos ti miloun oi mousoulmanoi Roma tis ellinikis Thrakis* [A glossary of Romani, as spoken by the Muslim Roma of Greek Thrace], Komotini.

LÜDI G., PY B. et al. (1995). *Changement de langage et langage du changement*, Lausanne, L'âge d'homme.

LUNT H. G. (1952). *A Grammar of the Macedonian literary language*, Drzhavno knigoizdatelstvo, Skopje.

LYDUS I. (1837). *De magistratibus*, ed. Im. Bekker, Bonn, p. 261-268.

MALECKY M. (1934, 1936). *Dwie gwary macedonskie (Suche i Wysoka w Solunskiem)*, Krakow.

MALIGOUDIS F. (1997). *Salonique et le monde des Slaves*, Thessaloniki, éd. Vanias, (1ère éd. 1991).

MARCELLESI C., TREIGNIER J. (1991). « Eléments pour une didactique des langues polynomiques : L'expérience de l'enseignement plurinormaliste du français », Chiorboli J. (ed), *Actes du colloque international des langues polynomiques*, Corte, Université de Corse, p. 268-287.

MARCELLESI J.-B. (1989). « Corse et théorie sociolinguistique : reflets croisés », Ravis-Giordani G. (ed), *L'île miroir*, Ajaccio, La Marge, p. 165-174.

MARCUSE H. (1991). *One-Dimensional Man: Studies in the Ideology of Advanced Industrial Society*, London, Routledge.

MATANOV X. (1986). *Jugozapadnite Balgarski zemi prez XIV vek*, Sofia, Nauka i Izkustvo.

MATRAS Y. (1998). "Para-Romani revisited", Matras Y. (ed) *The Romani element in non-standard speech*, Wiesbaden, Harrassowitz Verlag, p. 1-27.

MATRAS Y. (1999). "Writing Romani: the pragmatics of codification in a stateless language", *Applied Linguistics* 20, p. 481-502.

MATRAS Y. (2000). "Mixed languages: a functional-communicative approach", *Bilingualism: Language and Cognition 3* (2), p. 79-99.

MATRAS Y. (2002). *Romani: a linguistic introduction*, Cambridge, Cambridge University Press.

MATRAS Y. (2004). "Romacilikanes-The Romani dialect of Parakalamos", *Romani Studies*, Series 5, Vol. 14, No 1, p. 59- 109.

MAZON A. (1923). *Contes slaves de la Macédoine sud-occidentale*, Paris.

MAZOWER M. (2001). *The Balkans, from the end of Byzantium to the present day*, London, Phoenix press.

MEAD G.-H. (1968). *Geist, Identität und Gesellschaft aus der Sicht des Sozialbehaviorismus*, Frankfurt, M. Suhrkamp.

MELANOFRIDHI P. (1910, Batum, 5e éd. 2001). *I en Ponto elliniki ghlossa*, Thessaloniki, Kiriakidhi.

MELANOFRIDHI P. (5e éd. 2001). *I Klosti*, Thessaloniki, Kiriakidhi.

MESSING G. M. (1988). *A Glossary of Greek Romany. As spoken in Ajia Varvara (Athens)*, Bloomington, Slavica Publishers.

MICHAIL D. (2003a). "The institutional labyrinth and political dimensions of the Muslim minorities' education in Western Thrace", *Peri Thrakis*, 3, Politistiko anaptixiako kentro Thrakis, p. 271-282.

MICHAIL D. (2003b). "From locality to European identity: shifting identities among the Pomak minority in Greece", Paper presented at the 2nd Conference of the *International Association for Southeastern Anthropology*, Graz, February 20-23 2003, in kemo.gr.

Ministère des Affaires Étrangères de Grèce. (1933). *La Grèce actuelle*, Athina, Éditions de la Direction de la Presse du Ministère des Affaires Étrangères.

Minority Rights Group. (1991). *Greece and its minorities*, London, Minority Rights Publications.

MLADENOV S. (1979). *Istorija na Balgarski Ezik*, Sofia, BAN.

MONOVA M. (2007). « Ethnicité, langue et territoire : l'ouverture de la frontière gréco-macédonienne et la question de la résurgence d'une identité slavophone en Grèce », Colloque *Frontière et territoire dans les Balkans. De l'administration des Empires aux logiques des États*, Athina, Ecole Française d'Athènes.

MUYSKEN P. (2000). *Bilingual Speech - A typology of Code-Mixing*, Cambridge, Cambridge University Press.

MUZAKIS S. (1994). *Schediasma istorias chorion lekanopediou Attikis* [Schema historique des villages de la plaine de l'Attique], Athina.

NASTUREL P. S. (1991). « Koutsovalaque recherche étymologique », *Etudes roumaines et aroumaines*, Paris, Bucureşti, éd. Paul Stahl, p. 90-99.

NEIESCU P. et PETROVICI E. (1965). « Persistance des îlots linguistiques », *Revue Roumaine de la linguistique* 10, Bucureşti, éd. de l'Académie de la République Socialiste de Roumanie, p. 351-374.

NEIESCU P. (1965). « Recherches dialectales chez les Aroumains sud-danubiens », *Revue Roumaine de Linguistique*, 10, Bucureşti, éd. de l'Académie de la République Socialiste de la Roumanie, p. 229-237.

NIČEV A. (1977). *Lexicon Tetraglosson de Daniil*, Sofia, Annuaire de l'Université de Sofia.

ODORICO P. (2005). *Thessalonique, Chroniques d'une ville prise*, Toulouse, Anacharsis.

OIKONOMIDES N. (éd) (1968). *Actes de Dionysiou*, Paris, Lethielleux.

OIKONOMIDES N. (2005). « L'unilinguisme officiel de Constantinople Byzantine (VIIe-XIIe siècles) », *Society, culture and politics in Byzantium*, Oikonomides N., Zachariadou E. (eds), Aldershot, Hampshire, Ashgate.

ÖLBERG H. (1972). « Griechisch-albanische Sprachbeziehungen. Untersuchungen zum altgriechischen Wortgut im Albanischen », Muth R. (ed), *Serta Philologica Aenipontana II*, Innsbruck (IBK 17), p. 33-64.

PANAGIOTOPULOS V. (1985). *Plithismos ke oikismi tis Peloponissu. 13os-18os eonas* [Population et résidences du Péloponnèse. 13e-18e siècle], Athina, Istoriko Archio, Eboriki Trapeza tis Elladas.

PANOURGIA N. (1995). *Fragments of Death, Fables of Identity. An Athenian Anthropography*, Madison, The University of Wisconsin Press.

PAPADIMITRIOU P. (2003). *I Pomaki tis Rodhopis* (*Les Pomaques de Rhodope*), Thessaloniki, Kiriakidhis.

PAPAHAGI T. (1963). *Dicţionarul Dialectului Aromân general si etimologic*, Bucureşti, ed. Academiei Republicii Populare Române.

PASHALIDIS A. (1934). *Oi Alvanoi is tas Kykladas* [Les Albanais dans les Cyclades], Athina.

PASPATIS A. (1870). *Études sur les Tchingianés de l'Empire ottoman*, Constantinople, Coroméla.

PETROPOULOS I. (1971). *Kaljarda. Erasitexniki glossologiki erevna.* [Kaljarda. Inexpert linguistic survey], Athina, Nefeli.

PETROU T. (1997). *Poliglosia stin kinotita ton Pomakon tis Dhitikis Thrakis* (Plurilinguisme dans la communauté des Pomaques de la Thrace Occidentale), Mémoire de DEA, Thessaloniki, Université Aristote.

POGHIRC C. (1989). « Romanisation linguistique et culturelle dans les Balkans », *Cahiers balkaniques*, n°8, Paris, Publications Langues'O, p. 9-46.

POTT A. (1844-45). *Die Zigeuner in Europa und Asien*, V. 2, Halle, Heynemann.

POULOS I. (1950). « I epikisis ton Alvanon is Korinthian » [L'installation des Albanais dans la région de Corinthe], *Epetiris messeonikou archiou*, Athina, p. 31-96.

Praktika Epistimonikis Sinadisis NA. Attikis (1988). [Rapport de la rencontre scientifique du nord-est de l'Attique], Kalivia Attikis.

ROSETTI A. (1966). *Istoria Limbii Române*, Bucureşti, ed. Academiei Republici Socialiste România.

RUSAKOV A. (2001). "The North Russian Romani dialect. Interference and code-switching", Östen D., M. Koptjeskaja Tamm (eds), *Circum-Baltic Languages. Volume I: Past and Present*, Amsterdam, John Benjamins Publishing Company.

SASSE H.-J. (1985). « Sprachkontakt und Sprachwandel: Die Gräzisierung der albanischen Mundarten Griechenlands », Papiere zur Linguistik, Nr. 32, H. 1, p. 37-95.

SASSE H.-J. (1991). *Arvanitika. Die albanischen Sprachreste in Griechenland*, vl. 1, Wiesbaden.

SCHÄFERS B. (ed) (1998). *Grundbegriffe der Soziologie*, Opladen, Leske, Budrich.

SCHUKALLA K.-J. (1993). « Nationale Minderheiten in Albanien und Albaner im Ausland », Grothusen, K.-D. (ed). *Südosteuropa-Handbuch: Albanien*, vl. VII, Göttingen, Vandenhoeck & Ruprecht.

SCHULMAN V. (2006). "Greek adaptation markers of loanverbs in the Sofades dialect", Paper presented in the 7th International Conference of Romani Linguistics, 14-17 September, Charles University, Prague.

SECHIDOU I., F. TSAGGALIDOU. (2001). « Glossiki epafi: I elliniki os grammatikopoiitiki glossa sta romika kai sta dortika » [Language Contact: Greek as a grammaticizer language in Romika and Dortika], *Studies in Greek Linguistics. Proceedings of the 21st Annual Meeting of the Department of Linguistics*, Thessaloniki, Faculty of Philosophy, A.U.TH, p. 676-687.

SECHIDOU I. (2005a). *Meleti mias valkanikis dialektou tis Romani kai ton epafon tis me tin elliniki* [Study of a Balkan Romani dialect and its contacts with Greek: The dialect of Ajios Athanasios]. http://cds.lib.auth.gr//Theses

SECHIDOU I. (2005b). "Finikas-Romika. A Greek Para-Romani variety", *Romani Studies*, Series 5, Vol. 15, No 1, p. 51- 79.

SECHIDOU I. (2006). « Aspekte des Sprachgebrauchs in einem griechischen Romani-Dialekt », Knecht M., R. Toivanen (eds), *Europäische Roma- Roma in Europa, Berliner Blätter, Ethnographische und ethnologische Beiträge*, Heft 39, Münster, LIT Verlag, p. 70-77.

SECHIDOU I., V. ELŠIK, K. HIIETAM, B. SCHRAMMEL, C. SCHUBERT, Y. MATRAS (2001). *Romani dialectological questionnaire*, University of Manchester, Romani Morphosyntactic Database Project.

SEREPAS A. (2004). *Arvanitic identity and Greekness: The case of the Arvanitic community of Aspropyrgos and the misunderstandings of folklore science*, Athina, unpublished.

SERIOT P. (1997). « Faut-il que les langues aient un nom ? Le cas du macédonien », A. Tabouret-Keller (éd.), *Les enjeux de la nomination des langues*, Louvain-la-Neuve, Peeters, BCILL 95, p. 167-190.

SILVERSTEIN M. (1979). "Language structure and linguistic ideology", Clyne P. R., Hanks W. F., Hofbauer C. L. (ed), *The elements: A parasession on linguistic units and levels*, Chicago, Chicago Linguistic Society.

ŠKLIFOV B. (1979). *Dolno-prespanskijat govor*, Sofia, BAN.

ŠKLIFOV B., ŠKLIFOVA E. (2003). *Balgarski dialekti tekstove ot Egejiska Makedonija*, Sofia, Academic publishing house.

SKOPETEA E. (1988). *To "protipo vasilio" ke i Megali Idea. Opsis tu ethniku provlimatos stin Elada (1830 - 1880)* [Le « Royaume prototype » et la Grande Idée. Aspects de la question nationale en Grèce (1830 - 1880)], Athina, Politypo.

SOLTA G.R. (1980). *Einführung in die Balkanlinguistik mit besonderer Berücksichtigung des Substrats und des Balkanlateinischen*, Darmstadt, Wissenschaftliche Buchgesellschaft.

SOULIS C. (1929). « Ta Rom'ka tis Ipeirou » [The Rom'ka of Epirus], *Ipeirotika Chronika*, p. 146-156.

STADTMÜLLER G. (1966). *Forschungen zur albanischen Frühgeschichte*, Albanische Forschungen, Vl. 2, Wiesbaden, Otto Harrassowitz.

STAHL P. H. (1974). « Les noms et les tribus des Aromunes », *Ethnologie de l'Europe du sud-est. Une anthologie*, Paris, La Haye, Mouton, p. 17-24.

STEFFEN T. (ed) (2000). *Crossover. Cultural hybridity in ethnicity, gender, ethics*, Tübingen, Stauffenberg.

SYMEONIDIS H. (2002). "The influence of the Greek language on the Judeo-Spanish of Thessaloniki: the use of subjunctive in Jewish-

Spanish from Thessaloniki", *2nd International Judéo-Spanish conference*, Thessaloniki, Ets-ha-Haim Foundation, p. 119-127.

TABOURET-KELLER A. (éd) (1997). *Les enjeux de la nomination des langues*, Louvain-la-Neuve, Peeters, BCILL 95.

Tabula Imperii Romani K 34, (1976). Ljubliana, Slovenska Akademija Znanosti.

TAGLIAVINI C. (1964). *Le origini delle lingue neolatine*, Bologna, Parton.

THEOHARIDIS P. (1995). *Pomaki. I musulmani tis Rodhopis. Istoria, kataghoghi, thriskia, kinonia.* [Les pomaques. Les musulmans de Rodhope. Histoire, origines, langue, religion, société], Xanthi, Politistiko anaptixiako kentro Thrakis.

THOMASON S. (2001). "Linguistic areas and language history", Haspelmath M., Koenig E., Oesterreicher W., Raible W. (eds.), *Language typology and language universals, Sprachtypologie und sprachliche Universalien: An international handbook*, Berlin, New York, Walter de Gruyter.

TOPXARA K. (1932). *I ghramatiki ti romeiku ti ponteiku ti ghlosas*, ekdhotikon Komunistis, Rostov, Ton.

TRAJANOSKI T. (1980). *Ethnonymes arber-alban dans les légendes des Valaques de Strouga*, Vl. 10.

TRIANDAFYLLIDHIS P. (1866). *I en Pónto ellinikí fílí* [La population grecque du Pont], Athina.

TRIANTAPHYLLIDES M. (1924). « Dortisch und griechische Krämersprachen », *Zeitschrift für vergleichende Sprachforschung 52*, p. 1- 42.

TRIFON N. (1993). *Notes sur les Aroumains*, collection Les Cahiers d'Iztok n° 2-3, Paris, éditions Acratie.

TRUBETA S. (1996). « Zigeuner in Griechenland. Geschichte und Gegenwart ». *Südosteuropa*, 45. Jhg, 9-10, p. 730- 751.

TRUBETA S. (1999). *Die Konstitution von Minderheiten und die Ethnisierung sozialer und politischer Konflikte. Eine Untersuchung am Beispiel der im griechischen Thrakien ansässigen moslemischen Minderheit*, Frankfurt am Main, Peter Lang, Europäische Hochschulschriften, vl. 334.

TRUDGILL P., TZAVARAS G. A. (1977). "Why Albanian-Greeks are not Albanians: Language shift in Attika and Biotia", Giles H. (ed), *Language, ethnicity and intergroup relations*, London, N.Y., Academic Press, European monographs in social psychology, 13, p. 171-184.

TRUDGILL P. (ed). (1984). *Applied Sociolinguistics*, London, Academic Press.

TSITSELIKIS K. (ed) (1999). *Glosses, alfavita ke ethniki ideologia stin Ellada ke ta Valkania* [Langues, alphabets et idéologies nationales en Grèce et dans les Balkans], Athina, Kritiki.

TSITSELIKIS K., CHRISTOPOULOS D. (ed) (2003). *I elliniki mionotita tis Alvanias* [La minorité grecque d'Albanie], Athina, Kritiki.

TSITSIPIS L. D. (1981). *Language change and language death in albanian speech communities in Greece. A sociolinguistic study*, University of Wisconsin-Madison, Dissertation.

TSITSIPIS L. D. (1983). "Language shift among the albanian speakers of Greece", *Anthropological Linguistics*, vl. 25, Nr. 3, p. 288-308.

TSITSIPIS L. D. (1984). "Functional restriction and grammatical reduction in Albanian language in Greece", Zeitschrift für Balkanologie, Vl. 20, p. 122-131.

TSITSIPIS L. D. (1991). "Terminal-fluent speaker interaction and the contextualisation of deviant speech", Journal of Pragmatics, Vl. 15, p. 153-173.

TSITSIPIS L. D. (1995). "The coding of linguistic ideology in arvanítika (Albanian). Language shift: Congruent and contradictory discourse", Anthropological Linguistics, Vl. 37, p. 541-577.

TSITSIPIS L. D. (1997). "The construction of an 'outsider's' voice by low-proficiency speakers of an Albanian variety (arvanítika) in Greece: Language and ideology", International Journal of the Sociology of Language, Vl. 126, p.105-121.

TSITSIPIS L. D. (2003). "Implicit linguistic ideology and erasure of arvanítika (Greek - Albanian) discourse", Journal of Pragmatics, Vl. 35, p. 539-558.

TSITSIPIS L. D. (2007). "Bilingualism, praxis and linguistic description", M. Heller (ed), *Bilingualism: A Social Approach*, London, Palgrave, 277-296.

TZITZILIS C. (1994). *Introduction to Romani Linguistics*, University lectures, Manuscript.

TZITZILIS C. (2001). « Mittelgriechische Lehnwörter im Romanes », B. Igla, Th. Stolz (eds.), *Was ich noch sagen wollte... A multilingual Festschrift for Norbert Boretzky on the occasion of his 65th birthday*, Berlin, Akademische Verlag, p. 327-340.

TZITZILIS C. (2006). *Minority languages in Greece*, University lectures, Manuscript.

VAILLANT A., MAZON A. (1938). *Evangéliaire de Kulakia*, Paris, Institut d'études slaves.

VELOUDIS G. (1970). « Jakob Philipp Fallmerayer und die Entstehung des neugriechischen Historismus » , *Südost-Forschungen*, Vl. 29, p. 43-90.

VIDOESKI B. (1994). *Makedonskite dialekti vo Egejska Makedonija*, Skopje, Manu.

VOSS C. (2006) "Toward the peculiarities of language shift in Northern Greece", Stern D., Voss C. (eds), *Marginal Linguistic Identities: Studies in Slavic Contact and Borderland Varieties*, Wiesbaden, Harrassowitz Verlag, 87-101.

VRANUSSI E. L. (1962). *"Komiskortis o ex Arvanon". Sholia is horion tis Annis tis Komninis* ["Komiscortis d'Arvanon". Commentaire sur le passage d`Anne Komnène], Ioannina, Eteria Ipirotikon Meleton.

WACE A., THOMPSON M. (1914). *The nomads of the Balkans*, London, Methuen and Co.

WARE K. (2002). *L'orthodoxie : l'église des sept Conciles*, Paris, éd. du Cerf.

WEIGAND G. (1892). *Vlacho-Meglen*, Leipzig, Johann Ambrosius Barth.

WEIGAND G. vol. I (1895). vol. II, (1894). *Die Aromunen ethnograpisch-philologisch historische Untersuchungen über das Volk der Sogenanten Makedo-Romanen*, Leipzig, Johann Ambrosius Barth.

WILSON T., DONNAN H. (eds) (1998). *Border identities. Nation and state at international frontiers*, Cambridge, Cambridge University Press.

WINNIFRITH T. (1992). *The Vlachs. The history of a Balkan people,* New York, Saint Martin's Press.

YOUNG R.J.C. (1995). *Colonial desire. Hybridity in theory, culture and race*, London, Routledge.

ZAKHOS E. (1984). *O Ksenos tis Neas Kerasuntas- Pontiako Istorima*, Ghrami.

ZAKHOS E. (1986). *Imaste Pontii*, Athina, Karamberopulos.

ZEGINIS E. (1994). *Oi Musulmanoi Athiggani tis Thrakis* [The Muslim Rom of Thrace], Thessaloniki, Institute for Balkan Studies.

www.ethnologue.com

LES AUTEURS

Evangelia ADAMOU. Chercheure au CNRS dans le laboratoire *Langues et civilisations à tradition orale*. Elle est docteur en linguistique de l'Université Paris 5-Sorbonne, avec une thèse sur l'imaginaire linguistique. Elle mène actuellement ses recherches en linguistique balkanique, et notamment sur les variétés slaves parlées en Grèce. Elle est l'auteur du *Nashta : Description d'un parler slave de Grèce en voie de disparition* (Lincom, 2006).

Stamatis BEIS. Chercheur au *Centre d'études des dialectes et idiomes grecs modernes* de l'Académie d'Athènes. Il est docteur en linguistique de l'Université Paris 5-Sorbonne où il a mené sa thèse sur le parler aroumain de Metsovo (Grèce). Il est membre du KEMO (Centre d'Études de groupes minoritaires).

Eleni BOTSI. Elle est docteur en sociolinguistique de l'Université de Constance en Allemagne où elle a également enseigné et travaillé sur différents projets de recherche. Sa thèse (réalisée avec une bourse de LGFG et de DAAD) portait sur la construction linguistique de soi et de l'autre dans une communauté arvanite de Grèce. Elle a été post-doctorante à l'Université Panteion d'Athènes où elle a mené des recherches sur l'immigration. Elle est membre du KEMO (Centre d'Études de groupes minoritaires).

Georges DRETTAS. Chercheur au CNRS dans le laboratoire *Langues-Musiques-Sociétés*. Docteur d'État, avec une thèse sur le pontique, il a aussi mené une thèse d'ethnolinguistique sur le tissage rural en Bulgarie. Linguiste et ethnolinguiste, il a publié en 1980 *La mère et l'outil* (SELAF) et en 1997 *Aspects Pontiques* (ARP). Il est l'auteur de nombreux articles sur le pontique, le grec, le judéo-grec, les parlers slaves de Grèce et l'albanais. Il a enquêté en Bulgarie, Grèce, Italie du Sud, Israël, Albanie.

Irene SECHIDOU. Elle enseigne le grec comme langue seconde à l'Université Aristote de Thessalonique. Elle est docteur en linguistique de cette même Université avec une thèse sur le parler romani de Aghios Athanassios (Grèce). Elle a participé dans différents projets de recherche internationaux dont le *Romani Morphosyntax Database and Dialect Survey* dirigé par V. Elsik et Y. Matras de l'Université de Manchester.

INDEX GÉNÉRAL

BIBLIOTHÈQUE DES CILL (BCILL)

VOLUMES RÉCENTS

Tous les volumes antérieurs de la BCILL sont disponibles et peuvent être commandés chez les Editions Peeters

BCILL 90: **J.-M. ELOY**, *La constitution du Picard: une approche de la notion de langue*, IV-259 pp., Louvain-la-Neuve, Peeters, 1997. Prix: 23 €. ISBN 978-90-6831-905-7.
Cet ouvrage fait le point sur le cas picard et développe une réflexion originale sur la notion de langue. À partir des théories linguistiques, de l'histoire du fait picard et d'une démarche principalement sociolinguistique, l'auteur dégage des résultats qui éclairent la question des langues regionales d'oïl, et au delà, intéressent la linguistique générale.

BCILL 91: **L. DE MEYER**, *Vers l'invention de la rhétorique. Une perspective ethnologique sur la communication en Grèce ancienne,* 314 pp., Louvain-la-Neuve, Peeters, 1997. Prix: 28 €. ISBN 978-90-6831-942-2.
L'auteur, s'inspirant des données de l'ethnologie de la communication, tente une description généalogique des différents «niveaux de conscience» du discours qui ont précédé celui de la rhétorique proprement dite. Le passage des «proto-rhétoriques», encore fortement liées à la «parole efficiente», à la rhétorique est analysé dans ses rapports aux nouveaux usages de l'écriture, à la crise de l'expérience démocratique athénienne et à l'avènement de la philosophie.

BCILL 92: **J. C. HERRERAS** (éd.), *L'enseignement des langues étrangères dans les pays de l'Union Européenne*, 401 pp. Louvain-la-Neuve, Peeters, 1998. Prix: 36 €. ISBN 978-90-429-0025-7.
L'Union Européenne, en choisissant de garder onze langues officielles, a fait le pari de la diversité linguistique. Mais cette option a aussi ses exigences, puisque, pour faciliter la mobilité des citoyens et assurer une meilleure intercompréhension à l'intérieur de la Communauté, l'apprentissage des langues des partenaires européens est indispensable. Le présent ouvrage essaie d'analyser dans quelle mesure la politique linguistique des pays membres contribue à atteindre ces objectifs.

BCILL 93: **C. DE SCHAETZEN** (éd.), *Terminologie et interdisciplinarité. Actes du Colloque organisé en avril 1996 par le Centre de terminologie de Bruxelles (Institut Libre Marie Haps) et l'Association internationale des Professeurs de Langues vivantes*, 184 pp., Louvain-la-Neuve, Peeters, 1997. Prix: 17 €. ISBN 978-90-6831-949-1.
La terminologie des spécialistes est à la fois obstacle et vecteur de communication inderdisciplinaire. Ce volume constitue les *Actes* d'un Colloque centré sur les rapports entre terminologie et inderdisciplinarité.

BCILL 94: **A. MANIET**, *Répercussions phonologiques et morphologiques de l'évolution phonétique: le latin préclassique*, XIV-303 pp., Louvain-la-Neuve, Peeters, 1997. Prix: 28 €. ISBN 978-90-6831-951-4.

L'ouvrage vise à tester, sur le plan phonique, le principe fonctionnaliste d'économie. La démonstration se base sur la série algorithmique, quantifiée, des changements phoniques qui ont fait aboutir le système d'un corpus reconstitué au système représenté par un corpus latin préclassique, y compris les variantes morphologiques.

BCILL 95: **A. TABOURET-KELLER** (éd.), *Le nom des langues. I. Les enjeux de la nomination des langues*, 274 pp., Louvain-la-Neuve, Peeters, 1997. Prix: 24 €. ISBN 978-90-6831-953-8.
Nommer une langue, loin d'être une question linguistique, relève d'enjeux qui intéressent aussi bien les institutions que les personnes et qui sont souvent contradictoires. Dans ce premier tome d'une série traitant du *nom des langues*, une dizaine d'études illustrent cette problématique en s'appliquant chacune à un cas bien particulier.

BCILL 96: **A. MEURANT**, *Les Paliques, dieux jumeaux siciliens*, 123 pp., Louvain-la-Neuve, Peeters, 1998. Prix: 13 €. ISBN 978-90-429-0235-0.
Une étude détaillée du mythe et du culte de très vieilles divinités siciliennes devenues symboles de liberté et consultées pour éprouver la bonne foi. La formation de leur légende, la nature de leur gémellité et leurs relations avec les Δέλλοι y sont particulièrement analysées.

BCILL 97: **Y. DUHOUX** (éd.), *Langue et langues. Hommage à Albert MANIET*, 289 pp., Louvain-la-Neuve, Peeters, 1998. Prix: 27 €. ISBN 978-90-429-0576-4.
Treize articles (de Y. DUHOUX, É. ÉVRARD, G. JUCQUOIS, M. LAVENCY, A. LÉONARD, G. MALONEY, P. MARTIN, A. PAQUOT, R. PATRY, E.C. POLOMÉ, É. TIFFOU, K. TUITE) traitent d'indo-européen, de grec ancien, de latin, de français contemporain, de bourouchaski, de svane, et de la langue conçue comme thermomètre social.

BCILL 98: **F. BENTOLILA** (éd.), *Systèmes verbaux*, 334 pp., Louvain-la-Neuve, Peeters, 1998. Prix: 39 €. ISBN 978-90-429-0708-9.
Les quinze descriptions présentées dans cet ouvrage, toutes fondées sur les mêmes principes théoriques, fourniront des matériaux homogènes à la typologie et à la comparaison. Les auteurs ont eu le souci de dégager les unités par commutation, de distinguer unité et variante d'unité, et de répartir les déterminants en classes sur la base de l'exclusion mutuelle. À partir de leurs travaux, on perçoit mieux la spécificité des déterminants grammaticaux du verbe par rapport aux marqueurs d'opération énonciative (assertion, interrogation, injonction), aux subordonnants et aux affixes de dérivation.

BCILL 99: **Sv. VOGELEER, A. BORILLO, C. VETTERS, M. VUILLAUME** (éds), *Temps et discours*, 282 pp., Louvain-la-Neuve, Peeters, 1998. Prix: 26 €. ISBN 978-90-429-0664-8.
Les articles réunis dans ce volume explorent trois aspects des rapports entre temps et discours: la référence temporelle; la relation entre type de discours et emploi des temps verbaux; les manifestations discursives du développement du système temporel au cours de l'acquisition. Ce livre intéressera tous les linguistes qui étudient la temporalité.

BCILL 100: *Hethitica XIV*, 177 pp., Louvain-la-Neuve, Peeters, 1999. Prix: 16 €. ISBN 978-90-429-0732-4.
Treize articles de S. de Martino, M. Forlanini, D. Groddek, R. Lebrun, M. Mazoyer, E. Neu, A. Polit, M. Popko, O. Soysal, F. Imparati.

BCILL 101: **H. FUGIER**, *Syntaxe malgache*, 253 pp., Louvain-la-Neuve, Peeters, 1999. Prix: 23 €. ISBN 978-90-429-0710-2.
Cette *Syntaxe* décrit l'état de langue dit *malgache officiel*, sur base d'un corpus dont sont analysés en détail 450 énoncés, échelonnés du *classique ancien* à la *langue commune* actuelle. Chaque classe de constituants est définie par son utilité fonctionnelle dans la construction de la phrase. L'auteur montre comment l'énoncé grammatical se complexifie par un jeu d'applications successives où interviennent des phénomènes typologiquement remarquables (voix multiples, nom verbal avec son possesseur-agent, verbes sériés…).

BCILL 102: **Ph. BLANCHET, R. BRETON, H. SCHIFFMAN** (éd.), *Les langues régionales de France: un état des lieux à la veille du XXIᵉ siècle – The Regional Languages of France: an Inventory on the Eve of the XXIˢᵗ Century,* 202 pp., Louvain-la-Neuve, Peeters, 1999. Prix: 18 €. ISBN 978-90-429-0791-1.
Des (socio)linguistes, ethnologues, géographes, juristes et responsables de l'enseignement dressent le panorama des problèmes de six langues régionales de France: alsacien, basque, breton, corse, occitan, provençal.

BCILL 103: **S. VANSÉVEREN**, *«Prodige à voir». Recherches comparatives sur l'origine casuelle de l'infinitif en grec ancien,* 192 pp., Louvain-la-Neuve, Peeters, 2000. Prix: 18 €. ISBN 978-90-429-0835-2.
Étude sur l'origine casuelle de l'infinitif grec ancien, principalement en grec homérique. L'optique est comparative, morphologique, syntaxique, prosodique, mais surtout méthodologique, prenant en compte les problèmes fondamentaux de la grammaire comparée des langues indo-européennes. En plus du grec, sont examinés les faits en latin, sanskrit védique, avestique, hittite, arménien, tokharien, germanique, vieux slave, balte et celtique.

BCILL 104: **Yves DUHOUX**, *Le verbe grec ancien. Éléments de morphologie et de syntaxe historiques* (deuxième édition, revue et augmentée), Louvain-la-Neuve, Peeters, 2000, 561 pp. Prix: 50 €. ISBN 978-90-429-0837-6.
La deuxième édition de ce livre étudie la structure et l'histoire du système verbal grec ancien. Menées dans une optique structuraliste, les descriptions morphologiques et syntaxiques sont toujours associées, de manière à s'éclairer mutuellement. Une attention particulière à été consacrée à la délicate question de l'aspect verbal. Les données quantitatives ont été systématiquement traitées, grâce à un *corpus* de plus de 100.000 formes verbales s'échelonnant depuis Homère jusqu'au IVᵉ siècle.

BCILL 105: **F. ANTOINE**, *Dictionnaire français-anglais des mots tronqués,* LX-209 pp., Louvain-la-Neuve, Peeters, 2000. Prix: 24 €. ISBN 978-90-429-0839-0.
Ce dictionnaire bilingue français-anglais présente les mots tronqués ("doc" pour "docteur", etc.) du français. Il propose pour chaque terme: une traduction en anglais la plus fidèle possible du point de vue historique et stylistique; des mises en contexte propres à faire apparaître d'autres traductions; des citations qui l'illustrent; l'information lexicologique pertinente. L'ouvrage est précédé d'une étude des aspects historiques, sociologiques, morphologiques et psychologiques des mots tronqués.

BCILL 106: **F. ANTOINE**, *An English-French Dictionary of Clipped Words,* XLIV-259 pp., Louvain-la-Neuve, Peeters, 2000. Prix: 27 €. ISBN 978-90-429-0840-6.
This book is a bilingual dictionary of English clipped words ("doc" for "doctor", etc.).

It offers for each headword: one or several translations into French, which aim to be as accurate as possible from the historical and stylistic point of view; examples of usage to show other possible translations; illustrative quotations; the pertinent lexicological data. The dictionary proper is preceded by an analysis of the historical, sociological, morphological and psychological aspects of clippings.

BCILL 107: **M. WAUTHION - A. C. SIMON** (éd.), *Politesse et idéologie. Rencontres de pragmatique et de rhétorique conversationnelles,* 369 pp. Louvain, Peeters, 2000. Prix: 33 €. ISBN 978-90-429-0949-6.
Ce volume représente les actes du colloque qui, en novembre 1998, a réuni à Louvain-la-Neuve une trentaine de chercheurs francophones pour explorer les rapports entre linguistique et littérature autour du thème de la politesse des échanges et de la rhétorique des conversations. Ces univers scientifiques distincts nous rappellent la vocation de la politesse à agir dans la science classique comme dénominateur commun du savoir et du savoir-vivre.

BCILL 108: **L. BEHEYDT — P. GODIN — A. NEVEN — B. LAMIROY — W. VAN BELLE — J. VAN DER HORST — W. VAN LANGENDONCK** (éd.), *Contrastief onderzoek Nederlands-Frans / Recherches contrastives néerlandais-français,* 239 pp., Louvain, Peeters, 2001. Prix: 21 €. ISBN 978-90-429-1004-1.
Ce recueil interpellera linguistes, didacticiens, traducteurs et enseignants soucieux de voir leurs pratiques éclairées par les données de la recherche. Problèmes de phonétique et de morphologie, de syntaxe et de sémantique, démarches fonctionnelles et cognitives conduiront le lecteur à bien des considérations, parfois audacieuses, toujours dûment motivées. Ces textes ont été présentés lors du colloque de linguistique contrastive "Néerlandais-Français" organisé en étroite collaboration entre l'UCL et la KUL, en mars 2000 à Louvain-la Neuve.

BCILL 109: *Hethitica XV. Panthéons locaux de l'Asie Mineure pré-chrétienne. Premier Colloque Louis Delaporte – Eugène Cavaignac (Institut Catholique de Paris, 26-27 mai 2000), Acta Colloquii edenda curavit* René LEBRUN, 244 pp., 2002. Prix: 23 €. ISBN 978-90-429-1199-4.

BCILL 110: **J. PEKELDER**, *Décodage et interprétation. Ordres linguistique, iconique et pragmatique en néerlandais contemporain,* 298 pp. Louvain, Peeters, 2002. Prix: 42 €. ISBN: 978-90-429-1139-0.
Quel est le comportement du récepteur natif en néerlandais contemporain? Quelles sont les stratégies de décodage et d'interprétation de l'organisation linéaire des constituants? Comment construire valablement un modèle permettant de simuler ces stratégies? Telles sont les principales questions qu'aborde ce livre.

BCILL 111: **P. LORENTE FERNÁNDEZ**, *L'aspect verbal en grec ancien. Le choix des thèmes verbaux chez Isocrate,* 400 pp., Louvain, Peeters, 2003. Prix: 36 €. ISBN 978-90-429-1296-0.
Cet ouvrage présente une approche nouvelle du difficile problème de l'aspect verbal en grec ancien. Utilisant une base informatisée de 14980 formes verbales, il étudie en détail une cinquantaine de facteurs (morphologiques, syntaxiques et lexicaux) susceptibles d'avoir une incidence sur le choix aspectuel. Il en résulte que les temps de 95% des formes du corpus sont explicables par un ou plusieurs facteurs dont l'influence est statistiquement démontrable.

BCILL 112: **H. BOUILLON** (éd.), *Langues à niveaux multiples. Hommage au Professeur Jacques Lerot à l'occasion de son éméritat*, 284 pp. Louvain, Peeters, 2004. Prix: 25 €. ISBN 978-90-429-1428-5.
Une moisson de faits de langue dans des cultures aussi bien proches qu'éloignées comme le Burundi ou Madagascar, examinés d'un point de vue linguistique, littéraire ou didactique: c'est ce que rassemblent les 18 articles de ce volume offert à Jacques Lerot à l'occasion de son éméritat. Leurs 21 auteurs ont voulu exprimer leur amitié au collègue émérite en employant les langues qui lui tiennent à cœur, français, allemand, néerlandais ou anglais.

BCILL 113: **É. TIFFOU** (éd.), *Bourouchaskiana. Actes du Colloque sur le bourouchaski organisé à l'occasion du XXXVIᵉ Congrès international sur les Études asiatiques et nord-africaines (Montréal, 27 août — 2 septembre 2002)*, 124 pp., Louvain-la-Neuve, Peeters, 2004. Prix: 15 €. ISBN 978-90-429-1528-2
Ces *Bourouchaskiana* présentent un panorama des connaissances relatives au bourouchaski, langue sans parenté démontrée et qui constitue un isolat parlé par seulement quelques dizaines de milliers de locuteurs dans l'extrême nord du Pakistan. On y trouvera six articles dus à cinq éminents spécialistes: E. Bashir, H. Berger, Y. Morin, É. Tiffou et H. van Skyhawk.

BCILL 114: **R. GÉRARD**, *Phonétique et morphologie de la langue lydienne*, 130 pp., Louvain-la-Neuve, Peeters, 2005. Prix: 15 €. ISBN 978-90-429-1574-9
Le lydien est une langue indo-européenne appartenant au groupe anatolien, à l'instar du hittite, du louvite, du palaïte, du lycien ou du carien. Elle est attestée par des inscriptions datées des VIIIᵉ-IIᵉ s. av. J.-C. Ce livre présente un état des lieux le la phonétique et de la morphologie lydienne.

BCILL 115: **L. FILLIETTAZ – J.-P. BRONCKART** (éd.), *L'analyse des actions et des discours en situation de travail. Concepts, méthodes et applications*, 264 pp., Louvain-la-Neuve, Peeters, 2005. Prix: 33 €. ISBN 978-90-429-1612-8.
Cet ouvrage porte sur la dimension langagière des activités de travail. Il propose un ensemble de considérations théoriques et méthodologiques permettant d'en rendre compte. Ses contributions analysent des données empiriques issues de domaines professionnels variés (industrie, agriculture, services, école, formation professionnelle, etc.). Les points de vues envisagés sont eux-mêmes divers : psychologie du travail, didactique professionnelle, différents courants en linguistique du discours et de l'interaction.

BCILL 116: **W. O. DESMOND**, *Paroles de traducteur. De la traduction comme activité jubilatoire. Avant-propos de F. ANTOINE*, X-135 pp., Louvain-la-Neuve, Peeters, 2005. Prix: 16 €. ISBN 978-90-429-1626-5.
Paroles de traducteur est dû à un grand de la traduction contemporaine, William O. DESMOND – il a, entre autres, traduit en français Stephen King ou Donna Leon et est actuellement associé au DESS de traduction de l'Université de Bordeaux. Ce volume rassemble une belle moisson de réflexions concrètes, nourries par une longue pratique et soutenues par une claire vision de ce qu'est l'activité du traducteur.

BCILL 117: **E. CRESPO – J. DE LA VILLA – A. R. REVUELTA** (eds.), *Word Classes and Related Topics in Ancient Greek. Proceedings of the Conference on 'Greek Syntax and Word Classes' held in Madrid on 18-21, June 2003*, 584 pp., Louvain-la-Neuve, Peeters, 2006. Prix : 49 €. ISBN 978-90-429-1737-8.
This book presents an up-to-dated and thorough treatment of an important part of the syntax of Ancient Greek, the Word Classes. It reflects a large part of the research on Ancient Greek Syntax nowadays. It intends to be useful for classicists, historical linguists and Hellenists.

BCILL 118: **J. AMERLYNCK**, *Phraséologie potagère. Les noms de légumes dans les expressions françaises contemporaines*. Préface de Gaston GROSS. Illustrations de Th. AMERLYNCK, 250 pp., Louvain-la-Neuve, Peeters, 2006. Prix: 23 €. ISBN 978-90-429-1738-5.
La langue d'aujourd'hui regorge encore d'expressions figurées empruntées au monde des légumes. C'est que le potager inspire toujours le français du XXIe siècle: d'*avoir la patate* à *être dans les choux*, voire même à *tremper son poireau...* Ce livre fait l'inventaire de tout ce trésor potager, en retraçant l'évolution du sens et de la forme de ces locutions pleines de saveur.

BCILL 119: **G. STELL**, *Luxembourgish standardization. Context, ideology and comparability with the case of West Frisian*, 91 pp., Louvain-la-Neuve, Peeters, 2006. Prix : 10 €. ISBN 978-90-429-1847-4.
Labelled the 'youngest Germanic language', Luxembourgish is still in the process of being standardized. The modalities of this process have sought their justification in the imagery of a common Luxembourgish language already established in everyday practice. Confronting that imagery with data on actual language reality in Luxembourg, this book attempts to draw a parallel between Luxembourgish and the more standardized, but sociolinguistically comparable West Frisian.

BCILL 120: **Y. DUHOUX – A. MORPURGO DAVIES** (eds), *A Companion to Linear B. Mycenaean Greek Texts and their World,* Volume I, 430 pp., 2007. Forthcoming. ISBN 978-90-429-1848-1.
Linear B is the earliest form of writing used for Greek. The tablets written in this script offer crucial information about the Mycenaean Greeks and their time. This *Companion* aims at not only summarizing the results of current research but also trying to explain the problems which arise from the study of the texts and the methods wich can be used to solve them. It is aimed both at the beginner who needs an introduction to this area and to advanced scholars (archaeologists, historians, classicists) who require an up-to-date account which can serve as a standard reference tool and highlight the remaining problems.

BCILL 121: **E. ADAMOU** (éd.), *Le nom des langues II. Le patrimoine plurilingue de la Grèce,* 153 p., Louvain-la-Neuve, Peeters, 2008. Prix: 15 €. ISBN 978-90-429-2059-0.
Cet ouvrage présente les langues les moins parlées en Grèce contemporaine, héritage des empires byzantin et ottoman. S'appuyant sur des enquêtes de terrain, les auteurs présentent des informations sur la situation linguistique, sociolinguistique et historique de chaque langue, de même que sur son ou ses nom(s). Ces données sont indispensables pour appréhender le contexte général et les enjeux de la nomination des langues.

SÉRIE PÉDAGOGIQUE DE L'INSTITUT DE LINGUISTIQUE DE LOUVAIN (SPILL)

VOLUMES RÉCENTS

Tous les volumes antérieurs de la SPILL sont disponibles et peuvent être commandés chez les Editions Peeters

SPILL 20: C. CAMPOLINI, V. VAN HÖVELL, A. VANSTEELANDT, *Dictionnaire de Logopédie: Le développement normal du langage et sa pathologie.* XVI-138 pages; 1997. Prix: 12 €. ISBN 978-90-6831-897-5.
Cet ouvrage rassemble les termes utilisés en logopédie-orthophonie pour décrire la genèse du langage et les troubles qui peuvent entraver les processus normaux de son acquisition. Première étape d'une réflexion qui cherche à construire un outil terminologique spécialement destiné aux professionnels du langage, il s'adresse également aux parents et enseignants, témoins privilégiés de l'évolution linguistique des enfants.

SPILL 21: Fr. THYRION, *L'écrit argumenté. Questions d'apprentissage,* 285 pp., Louvain-la-Neuve, Peeters, 1997. Prix: 25 €. ISBN 978-90-6831-918-7.
Ce livre est destiné aux enseignants du secondaire et du supérieur qui ont à enseigner la tâche créative à haut degré de complexité qu'est l'écrit argumenté. Les opérations d'un apprentissage progressif ct adapté au niveau des apprenants y sont passées en revue, de même que les étapes et les indices de la maîtrise du processus.

SPILL 22: C. CAMPOLINI, V. VAN HÖVELL, A. VANSTEELANDT, *Dictionnaire de logopédie: Les troubles logopédiques de la sphère O.R.L.,* XV-123 pages; 1998. Prix: 15 €. ISBN 978-90-429-0006-6.
Ce livre est une suite logique d'un premier ouvrage et se veut une étape dans la construction d'un dictionnaire exhaustif du langage logopédique. Il aborde les domaines du dysfonctionnement tubaire, de l'orthopédie dento-faciale, de la dysphagie et dysphonies. S'il s'adresse bien sûr aux logopèdes-orthophonistes, il cherche aussi à interpeller les spécialistes de l'équipe pluridisciplinaire et susciter ainsi la rencontre de savoir-faire complémentaires.

SPILL 23: Ph. BLANCHET, *Introduction à la complexité de l'enseignement du français langue étrangère,* 253 pp., Louvain-la-Neuve, Peeters, 1998. Prix: 23 €. ISBN 978-90-429-0234-3.
Cet ouvrage novateur propose un parcours à travers les questions fondamentales qui se posent quant à la diffusion et l'enseignement du «Français Langue Étrangère». On les examine de points de vue issus de courants scientifiques récents (interculturalité, pragmatique, sociolinguistique, sciences de l'éducation), dans une éthique pluraliste respectueuse de l'Autre, associant diversité et unité. Une bibliographie fournie étaye le propos et ouvre vers des développements ultérieurs. Ce livre s'adresse à ceux qui désirent s'initier à la didactique des langues, s'orienter vers l'enseignement et la diffusion du F.L.E., ainsi que plus largement à tous ceux que la question des langues et de culture intéresse.

SPILL 24: **J. GRAND'HENRY**, *Une grammaire arabe à l'usage des Arabes*, 154 pp., Louvain-la-Neuve, Peeters, 1999. Prix: 13 €. ISBN 978-90-429-0761-4.

L'étudiant francophone qui souhaite apprendre la langue arabe dans une université européenne utilisera généralement une grammaire arabe rédigée en français par un arabisant, et il y en a d'excellentes. S'il dépasse le niveau élémentaire et veut se perfectionner par des séjours linguistiques en pays arabe, il se trouvera rapidement confronté à un problème difficile: celui de la grammaire arabe à l'usage des Arabes, la seule employée par les enseignants arabophones dans l'ensemble du monde arabe, qu'elle s'adresse à des étudiants arabophones ou non. Pour cette raison, l'auteur du présent ouvrage s'efforce depuis plusieurs années d'initier ses étudiants au vocabulaire technique de la grammaire arabe destinée aux Arabes. On aperçoit l'avantage d'une telle méthode: permettre à l'étudiant francophone d'aborder d'emblée des cours de perfectionnement de niveau supérieur en pays arabe, en ayant acquis au préalable les bases indispensables. Il s'agit ici de la traduction et des commentaires d'un manuel libanais largement utilisé dans les écoles du monde arabe.

SPILL 25: **C. CAMPOLINI, V. VAN HÖVELL, A. VANSTEELANDT**, *Dictionnaire de logopédie: Le développement du langage écrit et sa pathologie.* Louvain-la-Neuve, Peeters, 2000. Prix: 15 €. ISBN 978-90-429-0862-8.

Ce troisième volet du «dictionnaire de logopédie» s'inscrit comme une suite logique des deux ouvrages qui l'ont précédé. Après avoir envisagé le langage oral, son évolution normale et les troubles qui peuvent entraver son développement, les auteurs se devaient de prolonger leur réflexion en se penchant sur le langage écrit dont le point d'encrage s'appuie sur un ensemble de bases linguistiques, préalablement intégrées.

SPILL 26: **C. CAMPOLINI, A. TIMMERMANS, A. VANSTEELANDT**, *Dictionnaire de logopédie. La construction du nombre.* Louvain-La-Neuve, Peeters, 2002. Prix: 15 €. ISBN 978-90-429-1093-5.

Cet ouvrage prolonge la réflexion terminologique poursuivie dans le secteur de la logopédie. Les auteurs abordent ici un domaine qui peut apparaître, de prime abord, assez éloigné de la vocation paramédicale première des logopèdes. L'élaboration de la notion de nombre est d'ailleurs un domaine qui intéresse tout autant les enseignants, les psychologues et les éducateurs en général, spécialisés ou non. Les logopèdes sont pourtant souvent sollicités pour la rééducation des troubles d'apprentissage en calcul dont les causes profondes doivent être recherchées dans les toutes premières étapes du développement cognitif.

SPILL 27: **C. CAMPOLINI, F. TOLLET, A. VANSTEELANDT**, *Dictionnaire de logopédie. Les troubles acquis du langage, des gnosies et des praxies.* Louvain-La-Neuve, Peeters, 2003. Prix: 25 €. ISBN 978-90-429-1278-6.

Cet ouvrage constitue le cinquième volume d'une série consacrée à la réflexion terminologique relative au langage spécifique des logopèdes-orthophonistes. Les auteurs abordent ici le vaste domaine des troubles acquis suite à une atteinte cérébrale. La recherche a permis de mettre en évidence la complexité des pathologies rencontrées qui débordent le cadre, déjà large pourtant, des symptômes langagiers. Les practiciens se doivent d'aborder les patients dans une perspective globale en tenant compte de l'ensemble des perturbations cognitives. Si beaucoup de questions restent encore en suspens, cette recherche permet de faire un état actuel de la question et de clarifier des notions qui restent souvent très floues pour les practiciens.

PRINTED ON PERMANENT PAPER • IMPRIME SUR PAPIER PERMANENT • GEDRUKT OP DUURZAAM PAPIER - ISO 9706

N.V. PEETERS S.A., WAROTSTRAAT 50, B-3020 HERENT